漫说
中国科大

蒋家平 / 主编

中国科学技术大学出版社

内 容 简 介

本书是关于中国科学技术大学的通俗性读物,内容包括"符号""温故""谈今""文化"四个部分,对中国科学技术大学的文化符号、历史脉络、办学成就以及文化精神进行了全方位解读和展示。

图书在版编目(CIP)数据

漫说中国科大/蒋家平主编. —合肥:中国科学技术大学出版社,2018.4
ISBN 978-7-312-04403-8

Ⅰ.漫… Ⅱ.蒋… Ⅲ.中国科学技术大学—校史—通俗读物 Ⅳ.G649.285.41-49

中国版本图书馆 CIP 数据核字(2018)第 023365 号

出版	中国科学技术大学出版社
	安徽省合肥市金寨路96号,230026
	http://press.ustc.edu.cn
	https://zgkxjsdxcbs.tmall.com
印刷	安徽国文彩印有限公司
发行	中国科学技术大学出版社
经销	全国新华书店
开本	787 mm×1092 mm 1/16
印张	15
字数	374 千
版次	2018年4月第1版
印次	2018年4月第1次印刷
定价	60.00 元

序

《漫说中国科大》书临付梓，可喜可贺！

我2015年3月到中国科学技术大学工作后，在和别人交谈的过程中，常常会被问到一个我认为不是问题的问题："中国科大在什么地方？"这个简单的问题提醒我：让更多的人了解科大应该是我这个新校长和我的同仁们的责任之一。应该有一本系统介绍科大历史和讲述科大今天的书，这本书不是一本教科书，也不是一本编年史，应该是一本风格活泼、笔触清新，有互联网时代特色，又似有和朋友聊天拉家常风格的老少咸宜、引人入胜的书；这本书不仅是一本简单告诉读者"科大是在北京，还是在合肥"的书，而应该是一本大众了解科大，认识科大，增进和科大感情的书；还应该是一本展示科大人不懈奋斗、开拓创新精神的书！蒋家平同志当时是科大党委宣传部长，我把想法告诉了他，恳请他执笔组稿，感谢家平欣然应允，这已是2015年中的事情了！家平的日常工作本就繁忙，之后不久又转任安徽农业大学副校长，忙上加忙，但是百忙中他心系科大的情结，着实令我感动。这本书经他几次易稿，精益求精，今日出版，了却了众多科大人的一桩心愿！为此，深深感谢家平和对此书出版做出贡献的所有同仁！

我在科大工作的时间虽不长，但对科大的体会颇深，因而热爱科大，敬佩科大，留恋曾经的同事和同学，和大家结下了真挚的友谊，我也成了科大永远的一员。科大在北京建校，在合肥开拓成长；科大人不忘初心，求真务实，勇于担当，在中国教育史和科学发展中创新有为，不断续写华章！科大是一所令人敬重的大学！

愿本书的出版能让更多的人热爱科大，迷恋科大，探究科大，加入到支持和建设科大的行列之中！祝愿科大的明天更加美好！

万立骏

2017年8月8日识于北京中关村

目 录

>> 序

>> 符号

理念 / 002
校名 / 002
校徽 / 003
校训 / 004
校歌 / 005

>> 温故

初创时期的科大"朋友圈" / 008
111天如何创办一所大学？/ 011
聂帅眼中的"新型大学"新在何处？/ 016
"不要命的上科大"是几个意思？/ 021
865吨：南迁时的全部家当 / 029
逆流而上的"回炉班" / 037
"代拟稿"中的声声呐喊 / 040
人民日报："一定要办好中国科技大学" / 043
"知识荒原"上的"少年突击" / 045
国务院批准成立新中国第一所研究生院 / 049
"小讲师"与"大工程" / 052
"梅"与"牛" / 056
"三大工程"催生世界一流大学之梦 / 064

>> 谈今

科大为何"墙内开花墙外香"？/ 070
"百所助一校"是一种什么样的体验？/ 076
"1860"何以被戏称为科大"恒数"？/ 083
百分百自主选择专业是怎样做到的？/ 092
"斧背要厚，斧刃要尖"——教授上基础课是传统 / 097
从实验到实践 / 102
科技英才班：求解"钱学森之问"/ 108
研究生培养：变"撑杆跳"为"跨栏跑"/ 113
科学研究：有所为有所不为 / 121
协同创新引领战略产业崛起 / 134
为人才群聚育一方水土 / 139
预警与援助系统 / 145
青春科大 / 151

>> 文化

文化解读 / 158
名师大爱 / 175
永恒记忆 / 190
薪火相传 / 204

>> 后记

漫说中国科大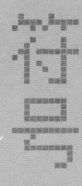

理 念

目 标 世界一流研究型大学

校 训 红专并进　理实交融

方 针 全院办校　所系结合

校 名

中国科学技术大学

郭沫若校长题写的校名

1958年6月2日，中央书记处总书记邓小平主持召开中央书记处会议，批准中国科学院创办大学的报告。6月8日，中国科学院院长郭沫若主持召开筹备委员会第一次会议。与会专家提出，即将创办的这所大学，应实行理工结合，向科学与技术紧密结合的方向发展。会议决定学校定名为"中国科学技术大学"①。

《科大映像》

---

① 本书中的"中国科技大学""科技大学""中国科大""中科大""科大"即指中国科学技术大学。

校　徽

校徽

　　中国科大校徽是在20世纪80年代形成的"梅花形"校徽的基础上，经过艺术加工而成的，2007年9月20日正式启用。其基本元素的主要寓意如下：

　　1. 梅花：象征着科大人勤奋刻苦、追求真知、百折不挠、永不言败的精神品格。

　　2. 腾飞的火箭：表达了科大人积极进取、乐观向上、勇于担当国家使命、攀登科学高峰的壮志豪情。

　　3. 托起火箭的四根线条：代表中国科大的人才培养目标——培养"德、智、体、美"全面发展的科技英才。

　　4. 打开的书本：象征着知识就是力量和科大人勤奋学习的优良学风。书本经过修饰之后，像破土而出的嫩芽，又似飞翔的海燕，象征着中国科大这所充满新鲜活力的年轻大学展翅翱翔。

　　5. 1958：代表中国科大创校的年份。

　　6. 正圆形外围轮廓和中英文校名全称：是加工设计时所增加的，它将传统的梅花校徽包蕴其中，使其成为一个整体元素，而显得更为突出。

　　7. 深蓝色主色调：体现了科技、理性、厚重、深邃、宽容的文化品格，且与中科院院徽色调一致，表明中国科大作为中科院所属大学与母体文化的一脉相承。

校 训

中国科大校训源于1958年创校时首任校长郭沫若先生亲自作词的校歌《永恒的东风》中"又红又专,理实交融"的歌词,后经不同时期中国科大主要领导人的进一步提炼和概括而成。"红专并进"强调品行操守与业务技能的相得益彰,"理实交融"强调理论与实践的紧密结合。这八个字将为人、为师之要,治学、治教之道,尽含其中,寓意深广。

校 歌

《永恒的东风》

（中国科学技术大学校歌）

郭沫若 词
吕 骥 曲

自豪地、不太快

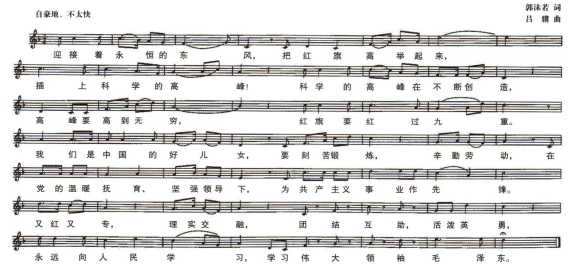

迎接着永恒的东风,把红旗高举起来,
插上科学的高峰！科学的高峰在不断创造,
高峰要高到无穷, 红旗要红过九重。
我们是中国的好儿女,要刻苦锻炼,辛勤劳动,在
党的温暖抚育、坚强领导下,为共产主义事业作先锋。
又红又专,理实交融,团结互助,活泼英勇,
永远向人民学习,学习伟大领袖毛泽东。

中国科学技术大学
校歌

  为使即将成立的中国科大能够继承和发扬抗大优良传统,1958年9月,首任校长郭沫若先生亲自起草了校歌《永恒的东风》歌词,周恩来总理在审阅校歌歌词时,把"为共产主义建设作先锋"中的"建设"改为"事业"。校歌歌词经周总理审定后,郭老又邀请中国音乐家协会主席、著名作曲家、抗大校歌作曲者吕骥先生为校歌谱曲,并在开学前夕邀请吕骥先生在大礼堂为全校师生教唱校歌。"迎接着永恒的东风,把红旗高举起来,插上科学的高峰……",这激越豪迈、充满理想的旋律,从此回荡在一代代科大人心中。

漫说中国科大

初创时期的科大"朋友圈"

成功离不开朋友襄助。孔老夫子就曾劝人要"友直,友谅,友多闻"(《论语·季氏篇》),也就是应该和正直的人、诚实的人、见多识广的人交朋友。可以说,拥有一个高端、大气、上档次的"朋友圈",自古以来就是有识之士所孜孜以求的。那么,1958年中国科学技术大学创校之时,科大"朋友圈"里都有哪些人呢?

刘少奇、周恩来、邓小平、陈云、聂荣臻……没错,这些新中国的开国元勋,都是科大"朋友圈"中的人;钱学森、华罗庚、严济慈、郭永怀、赵九章……没错,这些新中国的科学大师,更是科大"朋友圈"中的好友。而居于其间承上启下、总揽统调的则是时任中科院院长的郭沫若先生和时任中科院党组书记、副院长的张劲夫同志。

1956年,党中央发出"向科学进军"的号召,制定出《1956—1967年科学技术发展远景规划纲要》,以研制"两弹一星"为核心的新中国科技事业进入了快速发展阶段。而当时的中国,最新技术的应用还处在萌芽阶段,与"两弹一星"的研制直接相关的某些重要学科,如原子核物理、空气动力学、电子学、半导体物理等,几乎是空白,或者十分薄弱。与此同时,科技战线急需补充优秀的后备力量，而当时中国的高校普遍存在理工分家、教学与科研脱节的弊病，所培养的人才无论是数量还是质量都难以满足需求。于是，利用中国科学院自身优势创办一所培养新兴、边缘、交叉学科尖端科技人才的新型大学，便成为老一辈科学家的共同构想。

1958年4月，中科院力学所所长钱学森、副所长郭永怀率先提议，可以利用中科院自身力量，按照教育和科研紧密结合的方式，创办一所"星际宇航学院"，为国防航空工业培养急需的人才。一石激起千层浪！他们的提议得到中科院众多研究所科学家的"点赞"，大家不约而同地提出各自学科同样存在人才紧缺的难题，建议中科院联合各研究所力量创办一所培养高精尖人才的多学科新型大学。

科学家们的建议得到了中科院院长郭沫若、党组书记张劲夫的赞同。"郭老说：'科学家要办大学，我赞成。'他不仅赞成，并很积极，老人家要兼任校长。"张劲夫回忆说。随后，张劲夫在中央科学小组会议上向聂荣臻副总理汇报了中科院拟办一所大学之事。聂荣臻当即表示支持。

1958年5月9日，中科院党组正式向聂荣臻副总理呈递办学报告。聂荣臻随即向周恩来总理汇报，获得周总理的首肯。5月21日，聂荣臻副总理写报告给中共中央书记处："中国科学院拟办一大学，我认为是可行的。昨与恩来同志面谈时，他也很赞成……请中央同意批准，以便立即着手筹备暑假招生。"6月2日，经中共中央书记处会议讨论后，中央政治局常委、中央书记处总书记邓小平亲笔批示："书记处会议批准这个报告，决定成立这个大学。校址另议。"刘少奇、周恩来、陈云等审核同意了书记处的决定。

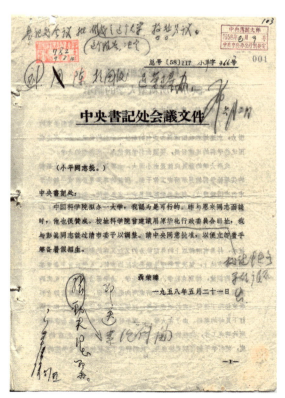

中央书记处会议批准创办中国科大的文件

中国科大首任系主任名单

赵忠尧	原子核物理和原子核工程系主任	中国科学院原子能研究所副所长
施汝为	技术物理系主任	中国科学院物理研究所所长
郭永怀	化学物理系主任	中国科学院力学研究所副所长
吴仲华	物理热工系主任	中国科学院动力研究室研究员
顾德欢	无线电电子学系主任	中国科学院电子研究所所长
武汝扬	自动化系主任	中国科学院自动化研究所所长
钱学森	力学和力学工程系主任	中国科学院力学所所长
杨承宗	放射化学和辐射化学系主任	中国科学院原子能所研究员
侯德封	地球化学和稀有元素系主任	中国科学院地质所所长
华寿俊	高分子化学和高分子物理系主任	中国科学院化学所副所长
华罗庚	应用数学和计算技术系主任	中国科学院数学所所长
贝时璋	生物物理系主任	中国科学院生物物理所所长
赵九章	应用地球物理系主任	中国科学院地球物理所所长

由此可见，中国科大的创办具有极为特殊的时代背景，她是服务于国家以"两弹一星"为核心的现代科技发展的战略需求，由老一辈革命家和科学家共同缔造的产物。而这样一种特殊的创校背景，又从根本上为这所新型理工科大学注入了独特的文化基因，从长远意义上为科大的建设与发展提供了不竭的精神动力。

111天如何创办一所大学？

1958年6月8日，中科院院长郭沫若主持召开学校筹备委员会第一次会议，决定学校定名为"中国科学技术大学"；6月18日，《人民日报》《光明日报》《中国青年报》登载中国科大1958年招生简章；7月21日，确定校址为北京复兴门外玉泉路19号；7月28日，中科院副秘书长杜润生、郁文主持会议，决定任命13个系的主任；8月14日，讨论教学计划、教学大纲原则，确定第一学期包括吴有训、严济慈、华罗庚等在内的30多名任课教授；9月1日，北京地区150名新生提前报

1958年9月20日，中国科大成立暨开学典礼会场

郭沫若在开学典礼上作题为《继承抗大的优秀传统前进》的致辞

到,参加整理校园和修建操场等义务劳动;9月15日,京外新生办理报到注册手续,全校共录取1634名学生;9月17日,周恩来总理亲自审定开学典礼致辞和校歌《永恒的东风》歌词;9月20日,农历八月初八,星期六,这天上午,中国科大成立暨开学典礼在解放军政治学院大礼堂举行,郭沫若作题为《继承抗大的优秀传统前进》的致辞,聂荣臻副总理作题为《把红旗插上科学的高峰》的重要讲话;9月21日,《人民日报》以《我国教育史和科学史上的重大事件》为题在显著位置报道了中国科大的诞生。

从6月2日中央书记处会议批准创办,到9月20日举行首届开学典礼,中国科学技术大学的筹建只用了短短的111天。这样的创校速度,在中外大学创办历史上都是极为罕见的。不过,在当时,这一切都显得顺理成章。那么,"科大速度"是从何而来的呢?

首先是中央高度重视。中国科大是新中国成立后由老一辈革命家和科学家共同创办的前无所承的新型理工科大学,

建校初期的校门

从中央书记处会议讨论决定创办这所大学，到周恩来总理亲自审定校歌歌词，再到聂荣臻副总理亲自出席开学典礼并讲话，等等，都充分体现了党中央对中国科大的高度重视和殷切期望。

其次是各方大力支持。没有校舍，工程兵设计院二话不说，一星期内搬家，把房子腾出来给科大；解放军政治学院也是高风亮节，不但借宿舍楼，还借大礼堂，把科大的事当成自家的事来办；筹建时间太仓促，一时间很难招到好学生，怎么办？中科院党组便给中宣部打报告，报请中央通知各省市主管部门代为择优录取，很快就录取了1634名政治表现好、学习成绩优的新生，其中党团员占到了84%。

第三是全院科学调度。中国科学院从一开始就确立了"全院办校，所系结合"的方针，动员全院力量创办科大。没有师资力量，就抽调研究所科研人员当老师；没有教材，就请科学家们亲自动手编。华罗庚、钱学森、严济慈、赵九章、贝时璋……这些当时最顶尖的科学家，承担了国家科技、国防等领域繁重的研究任务，可他们都义不容辞地站到

教唱校歌

了科大的讲台上。

　　第四是师生齐心协力。当时，北京地区新生（也有少数四川、辽宁等地的学生）提前报到，进校后直接参加建校劳动。老校刊上有一则报道写道："每日平均参加劳动的有70多人，7天共除草约19000平方米，压场约12000平方米，填土约250立方米，安装活动篮球架2副、肋木2副、双杠15副、单杠9副、平衡木2副。这些工程如果包给外面做的话，至少需要3000元。"许多老校友一提起当年，脸上就浮现出欣慰、自豪的笑容，在他们看来，尽管当年条件很简陋，可那片校舍就是大家共同的家园。

　　中国科大创办时期适逢"大跃进"年代，因此也有人将111天创办一所大学看成是特殊年代历史背景下的特殊产物。显然，这样的认识是浅薄的。透过初创时期的"科大速度"，我们可以看到：一个满足国家战略需求的崇高目标，一群怀抱科教报国理想的纯粹的人，一种激情满怀、奋力拼搏的意志品质，一种不计利害得失只为共襄大业的社会氛围……而这或许正可以视为此后半个多世纪里中国科大虽历经艰难险阻依然能不折不挠并取得辉煌成就的"精神密码"。

原子核物理和原子核工程系同学在校舍旁抢种秋菜

校址未定如何招生？

1958年6月18日，距离中央书记处会议批准创办科大仅仅半个月，《人民日报》《光明日报》《中国青年报》就刊登了中国科大的招生简章，其中校址一栏写的是"北京西苑"四个字。实际上当时科大在北京的校址是玉泉路19号，为什么招生简章上写的是"西苑"呢？

原来，那时候的科大，还在筹建之中，校址还没有确定，招生简章上只好这样"先斩后奏"。不过，招生简章出来后，中共中央调查部的负责人急了，那里的房子是他们单位的，怎么稀里糊涂成了科大的呢？于是，他们找到当时的中央办公厅主任杨尚昆同志"告状"，说中科院办大学要占他们的房子。杨尚昆找到张劲夫，说："劲夫啊，你们怎么搞的，也没同我商量商量。"张劲夫说："广告已经登了，不好改了。"杨尚昆也感到难办，就出了个主意，玉泉路八宝山边上原来是中央党校二部，房子刚交给军委，让他找军委秘书长黄克诚同志请求支持。结果黄克诚当即表示支持。聂荣臻副总理知道了，也很支持。

于是，张劲夫陪同郭沫若一起去找接收党校房子的工程兵设计院院长唐凯少将，结果两人一到，唐凯就迎了出来，不等两人开口，就快人快语，说："郭老来的意思，我完全明白，保证在一个星期内搬家，决不耽误开学。"

1981年3月，时任安徽省省长、省委第一书记的张劲夫同志来科大给首届郭沫若奖学金颁奖大会作报告时，绘声绘色地讲述了上面的这段趣闻。

1958年7月21日，学校校址从西苑改至北京市玉泉路19号，筹备处从中科院文津街3号搬至玉泉路19号办公。

聂帅眼中的"新型大学"新在何处?

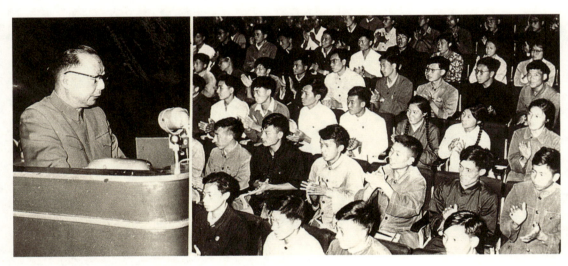

聂荣臻副总理在中国科大成立暨开学典礼上讲话

　　聂荣臻副总理在中国科大成立暨开学典礼的讲话中指出,中国科大是一所"社会主义的新型大学"。聂帅此说是作为嘉宾的礼节性"恭维",还是确有所指?"新型大学"究竟新在何处?这还要从中国科大的全新办学理念说起。

　　前文已经说到,中国科大是为了满足以研制"两弹一星"为核心的新中国科技事业对现代科技人才的迫切需求而创办的。这也就意味着,科大的人才培养目标定位在空白、薄弱、边缘、尖端科技领域,而非传统领域;科大的人才培养理念有别于当时中国高校普遍存在的理工分家、教研脱节等弊病。而且,由于科大的创办属于前无所承的平地起高楼,因此办学模式上也必然要另辟蹊径。由此我们可以看

1958年，钱学森为学生授课

1958年，华罗庚（左一）在辅导学生

到，初生的中国科大确实充满了创新的气息。

第一是全新的学科设置。建校时设立的13个系41个专业，如原子核物理和原子核工程系、技术物理系、化学物理系、物理热工程系、力学和力学工程系、放射化学和辐射化学系等，全部围绕以"两弹一星"为核心的国家战略需求，针对的都是当时国内急需、薄弱和空白领域，体现了新兴、交叉、尖端、基础的鲜明特征，这在当时国内高校中是极为罕见的。

其次是独特的办学模式。"全院办校，所系结合"，即中科院集中全院人、财、物力支持中国科大办学，研究所和学校的系科专业对口合作、资源共享。这是中国科大创办时由中科院确立的方针，也是中国科大最为独特的办学模式和最显著的办学特色。建校初期，中科院各研究所每年到校授课的科研人员达300多人次。华罗庚、钱学森、严济慈、赵九章、赵忠尧、贝时璋、吴有训、马大猷等一大批国内最有声

严济慈自建校起连续六年在可容纳500多人的大教室为学生授课

望的科学家亲自登台，讲授最新科技成就和科研前沿进展。他们承担了专业设置、教学计划、教学大纲制定以及编写讲义等一系列工作。这样，既解决了建校初期师资缺乏的困难，也极大地丰富了教学内容，保证了高起点、高水平的教学质量。这一方针中所体现的教育与科研双赢共进的强大动力，是中国科大得以超常规发展、迅速跻身一流的重要原因，也为中国高等教育探索了一种教育与科研紧密结合的创新型人才培养模式。

第三是理工结合重基础。当时，中国高校照搬苏联模式，采取理工分家的培养方式，过分强调专业知识而轻视基础课教学，这样做十分不利于创新型人才的培养。针对这些弊端，老一辈科学家们提出了"理工结合，加强基础"的培养理念，在讨论基础课时，大家赞成除了数理化外，科大学生一律要学外语。当时国内大学都未这样做，郭老就决定将外语列入基础课，数、理、化、外、电、图六门课从此成为科大基础课厚实的柱石。为了让学生基础课学得扎实，学校规定本科五年学制中要用三到三年半时间学习六大基础课，这些基础课程选用的都是当时最深、最难的教材。而专业课教材则一律新编，吸收最新的科技成果。当时，华罗庚副校长亲自担任教材审委会主任，各系成立教材编审小组，做好教材编审工作。

左：力学和力学工程系1958级学生研制的"科大4c"型人工降雨火箭

右：无线电电子学系学生制作自动记录的闪烁频谱仪

第四是丰富的科研训练。在"全院办校，所系结合"方针下，中国科大本科生在三四年级的时候全部直接进入中科院相关研究所，在一线科研人员的言传身教下，开展科研实践或撰写毕业论文，不仅保证了毕业论文的质量，并且使学生较早受到科学研究的训练，提高了他们毕业后从事科学研究工作的能力。

可以说，无论是培养目标、学科设置，还是办学模式、培养理念，中国科大都显得异乎寻常、独树一帜，给中国高等教育界带来一股清新之风。正因如此，聂荣臻副总理才称之为"新型大学"，并认为"这将是写在我国教育史和科学史上的一项重大事件"。

建校时设立的13个系41个专业

系名	专业名称
原子核物理和原子核工程系	原子核物理、原子核工程
技术物理系	半导体物理、铁氧体、低温物理、固体物理
化学物理系	物理力学、高速化学反应动力学
物理热工系	原子能动力、燃气轮机及喷气发动机、工程热物理
无线电电子学系	无线电技术、电波天线、电子学、声学
自动化系	自动学、自动化技术工具、运动学、自动化计算技术
力学和力学工程系	高速空气动力学、高温固体力学、化学流体力学、土及岩石力学
放射化学和辐射化学系	放射化学、辐射化学、同位素化学
地球化学和稀有元素系	稀有分散元素地球化学、放射性元素地球化学、同位素地球化学、稀有元素、地球化学
高分子化学和高分子物理系	高分子合成、高分子物理化学、高分子物理、重有机合成
应用数学和计算技术系	应用数学、电子计算机、工程逻辑
生物物理系	生物物理
应用地球物理系	高空大气物理、天气控制

"不要命的上科大"是几个意思？

"不要命的上科大！"这句话听起来够狠，据说现在真有学生和家长被它吓住，不敢报考科大。不过在当年，这句话却激励了一大批满怀激情和梦想的青年学子，投入科大的怀抱。

其实，这句话完整的版本是"穷清华，富北大，不要命的上科大"。科大创办后不久，这句话就在北京高校中流传开来。大意是讲，当时考上清华的多是工农子弟，只知埋头苦读，穿衣戴帽不拘小节；进北大读书的干部子女居多，经常

早期学生学习镜头

1958级放射化学和辐射化学系学生做化学实验

衣着光鲜地参加社会活动；而科大，则以功课的"重、紧、深"著名，学风好，不论贫富，学生都玩命学习，被兄弟院校的同学称作"拼命三郎"。

  为什么科大学生能有一种自觉的刻苦勤奋的学习精神？1959级校友、中科院院士李曙光认为，"科大建校时提出的人才培养目标和在校风建设上提出继承抗大传统起了很大作用"。科大是为培养国家急需的高精尖科技人才而创办的，聂荣臻、陈毅、谭震林等老一辈革命家经常来校作报告，强调"红专并进，理实交融"。这是一种非常具体的理想教育，它使做一名"红色科学家"成为科大学生的人生目标。为了实现理想，继承艰苦奋斗的优良传统，刻苦学习，成为一种必然的选择。

  其次，科大创办时那些最杰出的科学大师和最优秀的科技工作者，纷纷来到科大同学的身边，他们亲自授课、编写教材、辅导实验、修改论文，将勤奋刻苦的工作作风通过言传身教,深深印刻在同学们的心上,使得大家真正懂得马克思曾说的那样:"在科学上没有平坦的大道,只有不畏劳苦,沿着峻峭山路攀登的人,才有希望到达光辉的顶点。"

再者,科大实行的"理工结合,加强基础"的培养理念,也使科大的学生学业负担更重。比如科大学生要比北大学生多学机械制图等工科知识,比清华学生多学四大力学等理论知识,如果不玩命学,是很难顺利完成学业的。科大学生玩命到什么地步,从一个细节就可以看出来:老校友们回忆中常常提起,当年参加天安门国庆游行时,要辨识科大的队伍很容易,哪个队伍穿得最土、一停下来就掏出书本来看,肯定是科大的。

观看学生演出,前排左起分别为郁文、郭沫若、华罗庚、严济慈

可以说,初创时期的科大学生,学习上有着无穷的动力,他们在一种良好的集体氛围中,心无旁骛地将学习摆在第一位。而这种氛围则积淀成了一种文化,代代相传,即便是后来学校迁到安徽合肥也一直延续到现在。

20世纪80年代，科大学生在图书馆上自习

20世纪80年代，科大图书馆自习室每晚十点要闭馆，这时候不少学生的去处就是"通宵教室"。当时一教的几个教室晚上都不锁门，"夜猫子们"可以在那里继续用功，后来图书馆东头的一间自习室也被腾出来作为"通宵教室"。物理系1980级学生裴仪进当年在丁肇中先生挑选研究生的考试中获得总分第一，校刊记者在采访报道中称其生活方式为四点一线，即成天穿梭于教室、宿舍、食堂和图书馆之间，如"蜂一样地勤勉，牛一样地坚韧"。而1986级校友、"龙芯之父"胡伟武也曾回忆说，当年人手一本苏联数学家吉米多维奇的微积分习题集，里面有4462道题，每个人都会努力做完。"我感觉在科大五年没有浪费过一个小时。"他说，有时候学生为了抢自习座位，甚至会打架；有时周六晚上去看一场电影，回来以后往往会后悔"又浪费了两个小时"。"一直到今天，我都还保持着忙碌的习惯，如果每天不看点书，心里都会感觉空落落的。"

即便是进入新世纪以来，在功利、浮躁、市场化等社会氛围的严重侵扰下，中国高校的学风出现了一些问题，中国科大却依然故我，勤奋刻苦的"拼命三郎"精神依然得以传承，以至于有社会贤达之士感慨地说："中国之大，也许只有科大还容得下一张安静的书桌！"话讲得有些沉重，也许有点以偏概全，可是科大人的勤奋与刻苦，却没有丝毫的虚假。

其实，古往今来，成功之士未必都是天才，更多的是付出努力比常人多得多的人。大学正是一个人成长成才的重要阶段，最应该拥有"不要命"的精神，那种既要成功又不愿付出辛勤劳动的想法无疑是十分荒唐的。

时至今日，再来回味"不要命的上科大"这句话，我们会发现，其实它已经凝结成了一种足以体现科大办学水准和文化品格的优良学风。从某种意义上讲，它就是一门没有列入课表的必修课，每一个科大人都会在这门必修课里受到熏陶，并受益终身。

聂荣臻副总理：

在科学技术方面，必须大力培养新生力量，以满足国家建设的需要，创办一所新型的大学是十分必要的。这种大学和研究机构结合在一起，选拔优秀高中毕业生，给以比较严格的科学基本知识和技术操作训练，在三四年级时，让学生到相关研究机构中参加实际工作，迅速掌握业务知识，加快培养进度，以便在一段时期内使祖国最急需的、薄弱的、新兴的科学部分迅速赶上先进国家水平。中国科学技术大学就是在这样的要求下筹办的。经过很短的时间，在郭沫若院长的直接领导下进行筹备工作，一个社会主义的新型大学——中国科学技术大学诞生了。这将是写在我国教育史和科学史上的一项重大事件。

科学的春天——中国科学技术大学的光荣与梦想

郭沫若校长：

我们的学校是新建立起来的，前无所承，缺乏经验，这是我们的缺点，但也正是我们的优点。毛主席说过："一张白纸，没有负担，好写最新最美的文字，好画最新最美的画图。"我们的学校如果可以说像一张白纸，就请把她办成为最新最美的学校吧！

我们不仅要掌握尖端，还要创造尖端。我们不仅要攀登上科学的高峰，还要不断创造科学的高峰，使高峰高到没有止境。我们的大学是尖端科学加共产主义的大学，也就是又红又专、红透专深的大学。毛主席说过："搞科学的人应该懂点文学，搞文学的人应该懂点科学。"我们搞尖端科学技术的人尤其应该懂些文学艺术和各种体育活动。在红透专深的保障之下，同学们不妨同时成为诗人、画家、音乐家、戏剧演员、运动员或者其他。

（摘自在中国科大成立暨开学典礼上的讲话）

钱学森：力学系学生多学半年基础课

钱学森先生为近代力学系1958级、1959级学生主讲"火箭技术导论"，每周上1次课，每次3学时，从不无故缺课。当时不同年级的学生都去听，其他学校、研究所的人员也去听，人数多达400余名，把大阶梯教室挤得满满的。该课程后来改名为"星际航行概论"，并编写专著，作为科大学生专用教材。

钱先生给学生的考试也很特别，是开卷考试，但学生最怕的就是开卷考试，因为开卷考试的题目肯定是书本、笔记本上找不到的。据说，1962年1月有一次考试，只有两道题，可从早上到中午，没有一个人交卷。钱先生让大家吃过午饭回来再考，直到傍晚，大家只好交卷。成绩出来后，竟有95%的同学不及格。

这次考试让钱先生很不满意，他认为同学们的数理基础还不够扎实，需要一定的时间补补课。结果是力学系1958级学生在校多留了半年时间，钱先生选用冯·卡门和比奥（钱先生在美国上研究生时的导师和师弟）写的《工程中的数学方法》一书作为课程教材，再加上补高等数学，从极限开始到数理方程，半年下来，光数学题就做了近三千道。

1958级力学系的同学虽然晚了半年参加工作，但大家都从中获益，打下了扎实的数理基础。

严济慈：讲课是一门表演艺术

严济慈先生从1958年起，在小礼堂给几个系的数百名学生讲授力学和物理，每周3次，每次2小时。这样的大课他连续讲了6年。严老上课时，一手拿粉笔，一手拿话筒，不用看教材，滔滔不绝，一气呵成。内容深入浅出，概念交代清楚，讲到兴奋处，经常"拖堂"。尽管严老带有浓浓的江浙口音，但他讲课十分有激情，常常双手高举，作出形象化的比喻，给人印象深刻，所以尽管有些北方同学听不太懂他的话，但课堂上总是绝对的安静，每个人都在努力捕捉他的思想，认真记录笔记。许多同学说，听严老讲课是一种享受。他的一本本字迹工整的备课笔记至今珍存在学校档案馆，观者无不感动。

严济慈先生经常向青年教师传授经验。他说："将一本小说搬上舞台需要加工，因为看小说可以间断地看，慢慢体会，而在舞台上则要在短短的几小时内将小说中最重要的和最突出的、感人至深的东西反映出来。一个教师也就要像演员一样，要使学生在很短的时间内掌握书中最重要的内容。因此，教学是一个提炼蒸馏的过程，教师不仅要给同学知识，更主要的是教会同学做学问的方法。"

严老认为教书的诀窍，"一是表演，一是掌握"。他说，讲课是一门表演艺术，一个好的教师要像演员那样，上了讲台就进入角色，"目中无人"，绘声绘色。还有就是"掌握"，对所讲课程烂熟于心，运用自如，就像杂耍艺人手中的球一样，玩得心应手。

华罗庚：书要从厚读到薄

科大创办后，华罗庚先生给应用数学和计算技术系一班和二班学生上"高等数学引论"，教室不大，也没有课桌，只有一把把椅子，但可以在扶手板上写字记录。每次华先生走上讲台，很少有废话，拿起粉笔就开讲，而且不时在小小的讲台上踱来踱去。还不时地点上烟吸上一口，很快就吐出。同学们常开玩笑说：别人是吸烟，华先生却是吐烟。

时值全民大炼钢铁运动和围绕贯彻教育方针的大鸣大放时期。1958级校友颜基义回忆说，当时，不少高校开展了对数学课程基础理论体系的批判，有的甚至把教师轰下台，学生自己讲课，拒绝接受严谨的数学基础训练。而在科大，虽然也贴出了数以万计的大字报，但大多谈行政管理和教学中的具体问题，鲜有对基础课的理论体系提出严厉抨击和批判的。更为难得的是，校领导"尽可能地保证课程的教学时间，足够重视自然科学基础理论课程的教学"（当时教务长张新铭之语）。因此，华罗庚得以按照他预先考虑好的方案，有条不紊地给学生上课，且一讲就是3年。他在课堂上经常挂在口边的一些话语，如"生书熟讲，熟书生温""书要从薄读到厚，再从厚读到薄""高的内容要会放低，难的内容要会改易，繁的内容要会化简"等等，成了科大学生后来受用不尽的金玉良言。

865吨：南迁时的全部家当

从1958年到1969年，中国科大在北京办学共11年，时间不算长，但凭借其先进的办学理念、卓越的师资力量、优良的校风学风、严格的科学训练，已足以让这所年轻的大学名动华夏，其办学成就为世人所瞩目。截至1966年，共毕业3届4710名学生，其中85%分配在科研部门和高等院校工作，他们基础扎实、实验动手能力强、后劲足，绝大部分成为业务和领导骨干，为我国科技、国防、教育等领域做出了突出的贡献。仅后来当选为中国科学院院士、中国工程院院士的就有赵忠贤、白以龙、王志珍、龚惠兴、杨秀敏等33人，比例高达7‰，还涌现了20余名科技将军。

然而，1966年开始的席卷全国的"文化大革命"，使得全国高校的正常秩序受到严重破坏，中国科大也难逃此劫，正常教学科研秩序被完全破坏，各项工作处于停滞状态。不仅如此，与其他高校相比，科大人更多了一份劫难——迁址办学。

1969年10月，校革命委员会召开全委会议，传达上级关于战备疏散下放的指示，要求学校立即疏散搬迁。起初准备搬迁到河南南阳地区，因当地基础条件困难未果，后经与安徽省磋商，决定疏散搬迁到安徽省安庆市。12月，宣传队指挥部和校革委会作出学校搬迁到安徽省安庆市的安排，并组成疏散和搬迁领导小组。随后，先遣人员90人到达安庆市，一个月后近900名师生到达该市，被安置在市委党校的一栋三层小楼里，上千人的吃饭、住宿都难以保证，疏散遇到严重困难。

1970年1月，经校军宣队、革委会、中科院军代表等与安徽省革委会主任李德生等汇报协商，决定学校搬迁到合肥，在原合肥师范学院校址办学。此后一直到1970年10月，搬迁任务才最终完成。从校史资料中可以看到，当年搬迁总计组织货运装车70余次，装运仪器、器材、图书、档案等3.5万箱。另组织职工、学生、家属客运20多批约6000人次，搬迁费共计77万元。

对于中国科大来说，南迁无疑是一场浩劫，是一场灾难！南迁过程中学校仪器设备损失2/3，包括图书、档案等在内的全部"家当"只剩下865吨。更为严重的是，科大在北京时，教师队伍的主体是中科院的研究员，南迁合肥时他们中的大多数没有随科大搬迁，因此，"全院办校，所系结合"的办学模式无法继续。学校自己的师资队伍中，有些老师由于长辈和家属在北京不能南迁，有些老师因不适应南方的气候也没有随迁到合肥，因此学校迁入合肥时，师资力量损失极大，流失教师50%以上，正教授寥寥无几，讲师也很少。1972年，全校讲师以上职称的人数不足百人。到1977年底，中国科大只有正教授8人，副教授10人，讲师126人。

学校所在地原合肥师范学院是文科学院，只设有文学、历史、音乐、艺术等系科，没有物理、化学等理工专业，所以校园里没有实验室，没有足够的电源、水源、煤气等理工科系所必需的基础设备。校园周围的路被叫作"水泥马路"，一到下雨天，又是水又是泥，周围都是农田和菜地，老百姓在这儿放牛。除了几栋教室楼和学生宿舍外，几乎一无所有，科大在这里一切都要从头建设。

从全国重点大学到"一穷二白"的南迁高校，从大师云集到人才流失殆尽……中国科大面临着"解体"的边缘，为国家培养高精尖科技人才的目标也无法实现，或许很少有人会对科大的未来抱有足够的信心。

然而，科大人并没有垮掉，而是在寂寞的角落里开始了再一次艰难的创业。从校史资料中可以了解到，来到合肥的师资中除了钱临照、钱志道、杨承宗等为数极少的老科学家外，绝大多数是中青年教师。他们中有的已在学术上崭露头角，有的曾是科学大师的助手，更重要的是他们继承了老一辈革命家、科学家科学报国的远大志向和百折不挠、永不言败的精神品格，深得第一代科大人的真传。尽管学校处于"穷困潦倒"的境地，但在他们的心中，科大仍然是那个致力于推动新中国现代科技发展的大学，无论风云如何变幻，科大的使命没有变，科大必须在遭受重创中重新站立起来。为此，迁址合肥后，科大人很快就在十分艰苦的条件下开始了重建校园和恢复教学科研工作。

1972年,学校开始招收工农兵学员。1975年,举办"回炉班",挑选300多名1967—1970届毕业生回校再培训后补充师资,并陆续从全国各地物色调入200名教师,加强了师资队伍的建设,为后来形成以年轻人才为主体的师资队伍奠定了良好的基础。科学研究工作也在简陋的条件下悄然进行。1974年上半年,学校举办了一次科研成果展,参展成果达到100多项。到1976年,学校恢复、开展的科学研究已近400项。在1978年召开的全国科学大会上,共有15项成果获得大会奖励。

老合肥师范学院留下的教学一楼

20世纪80年代东区远眺

马山党校

  1969年11月,在河南、江西等地寻找战备疏散地点未果后,安徽省表示欢迎科大疏散到安庆市。12月,先遣队和随后开拔的两批900人左右师生陆续到达安庆。据先遣组成员回忆:"当时安庆不通火车,只有公路,而且路况很差,全是石子路,汽车都走不动。所以,科大南迁的路线是从北京乘火车到武汉,再从武汉乘船顺长江东下,至安庆上岸。"

  马山党校坐落在一座小山上,由于"文化大革命"红卫兵武斗,党校的玻璃窗户全被打烂了,四处通风。随着南迁师生的陆续到来,这里的人越挤越多,只能容纳300人的一栋三层小楼根本住不下,大批实验仪器、木器台柜都只能露天堆放着。在这种情况下,别说是搞教学科研,就是吃住都成了大问题。

屋子里没有床铺，也没有席子，大家只能睡在水泥地上。师生们就从当地老乡那里买来稻草铺在地上。由于人多房少，空间紧张，一间屋子要睡十几个人，负责后勤工作的同志找来了一段竹竿，在地上比划着，每个铺位60厘米宽。由于地方狭窄，人睡倒之后几乎没有办法翻身，如果谁要想翻个身，大家就喊一二三，同时翻身。冬天的水泥地很冷，不少老师从此患了关节炎。后来连铺地用的稻草也买不到了，山上的自来水管也都冻上了，就连吃喝用的水都很困难。如果要用水，大家只能翻过一道山沟，再爬到对面的山坡上去挑水回来吃。

1969年的冬天是科大人经历过的最寒冷的一个冬天。一方面大家对学校为什么搬迁、今后怎么办想不清楚、搞不明白，另一方面是遇到了如何生存的现实困难，上千人挤在安庆马山党校这个陌生的地方，吃不上饭，睡不好觉，加之天寒地冻，大家的情绪都很低落。

由于在安庆办学面临困难重重，中国科学院和安徽省革

马山党校原址

委会最终决定把中国科大从安庆搬到合肥。对于中国科大搬迁到合肥，时任安徽省革委会主任李德生指示："安徽来了一二十个单位，但都是找个基点，领导关系还在原上级机关。我们原来以为科大也是如此，现在情况更具体了，关系下放了。经过研究，安徽有困难，可考虑在合师院……"由此，中国科大正式迁至合肥，在原合肥师范学院校址办学。中国科大南迁遂成定局，北京玉泉路中国科大原校址很快被铁道兵与海军部队占用。

"史上最牛烧砖工"

"老北门"是中国科大面朝金寨路和黄山路交叉口的一座校门。这座水泥建筑的老大门，原来是合肥师范学院的校门。1970年初，中国科大开始搬迁到合肥，师生们带着满身的尘土，带着困惑和迷茫，从"老北门"走进了这个新的家园，也从这里开始了奋力崛起的艰苦历程。

走进"老北门"的科大人，眼前一片荒芜。整个校园内只有一条水泥路，其余都是泥浆路。一下车，大家就在泥浆里走来走去。原合肥师范学院的建筑大概只有6万平方米，包括现在的教一楼、老图书馆、校史馆楼等。那时候校园里有好大一片农田，牛儿三三两两在这里进出，附近的农民还经常到这里来放牛。

历史将南迁合肥的以青年助教和讲师为主体的第二代科大人推到了重建科大、振兴科大的舞台上。一种不甘沉沦、永不言败的精神，在年轻的科大人心里悄然成长。在合肥基本安顿下来以后，科大人决定在简陋的条件下自己动手，建房、修路、建实验室、建工厂。

校党委书记刘达亲自带领大家修建校舍，所有领导同老师们一起搬砖搬瓦。挖沟、填土、砌墙，完全都是自己动手。教师宿舍楼、学生宿舍群楼——四牌楼等等，都是老师学生共同参与修建的。

1971年3月，学校成立了制砖厂，师生们承担了脱坯、晾坯、建窑、烧窑的全部工作。2014年被拆除的老化学楼，就是用这个砖厂烧制出来的砖建起来的。制砖厂的人员共13名，除了从合肥请来的一名制砖老工人以外，其余都是从各系抽调来的教师，如陈希孺、钱大同、邓伟廉、徐家鸾、李先予、黄茂光、朱兆祥等。若按平均教育水平和知识水平而论，这个制砖厂绝不低于世界上任何现代化的建筑材料工厂。他们中后来出了多名院士和教授，堪称"史上最牛烧砖工"。

据校史记载，1972年至1976年，科大师生用自己的双手建造了九幢职工宿舍楼，建设了低速风洞实验室、高速风洞实验室、压气机房、计算机冷冻房、低温液氮车间、机加工厂房、钣金焊接热处理厂房、合成橡胶厂房、硅冶炼厂房、玻璃加工厂房、变电站、危险品仓库、汽车库、化学实验室、力学实验室、普通实验室、加速器实验室、图书馆书库、教研小楼、低温车间、仓库、地震台等基础设施。

虽然这些工程的建设请了外面的施工队，但是施工队里面的小工全都是学校自己的老师和学生。当时没有农民工，也没有机械作业，基本上都是靠人力。可想而知，中国科大的师生们为重建校园流下了多少辛勤的汗水。

老师们亲自烧砖搬砖盖起来的楼房（上图为老化学楼，下图为老行政楼）

逆流而上的"回炉班"

中国科大在北京创建时，中国科学院采用"全院办校，所系结合"的办学方针，集中了全院力量办科大，教师主要是来自中国科学院各研究院所的科学家和研究人员。如今，中国科大远离北京，远离中国科学院，只剩下百十号年轻人，"全院办校，所系结合"在当时情况下几近名存实亡，中国科大应该怎么办下去？以三十岁上下的年轻人为主体的这支年轻的教师队伍，能够挑得起恢复发展、振兴科大的重任吗？

1972年11月30日，校党委顶住压力与攻击，研究决定举办"回炉班"，即教师进修班。次年2月1日，学校决定从教工家属和其他适合当教师的人中选择一批人员外，主要从1963级、1964级、1965级毕业生中调入100人继续培养提高，以补充师资力量的不足。同年6月，决定将选调回校的1963级毕业生直接分配到各系基础教研室，一边学习进修，一边参加教学辅导工作；选调回校的1964、1965级毕业生一律集中培训，时间为一年半。11月27日，第二期教师进修班开学。学校原计划调入100人，至12月5日止，实际到校1964级、1965级毕业生共57人，另有代培生14人，共计71人参加学习。"回炉班"学员当初考入中国科大时基本素质很好，而且在学校的前两年里接受了较好的数理基础训练，但是因为"文革"的爆发，学业被迫中断，因此要开展正常的教学科研工作，还必须重新接受较为完整的训练。学员们回校后重点学习数理化基础课，学校配备最好的教师给他们上课，仅有的几位教授如钱临照先生等，都亲自登上讲台。"回炉班"的大胆开办，为他们提供了一个在风雨飘摇的社会政治环境下安静读书、正常完成学业的难得机遇。所以，他们都格外珍惜这样的机会，如饥似渴地学习提高。

"当时还是1973年，也就是科大人敢干，刘达敢干。刘达不管那些，他作为党委书记要把科大教育事业办下去，必须这么办。现在看，这个班办得是非常非常重要的。"史济怀教授由衷地说："为什么我们都怀念刘达呢？因为他很有眼光。当时谁敢办进修班啊？这就是复旧啊！"

1974年，刘达因为主张办"回炉班"受到批判，"回炉班"被定性为修正主义教育路线回潮班。工农兵大学生一度通宵围攻，逼迫刘达签署文件，将全部"回炉生"退回原单位。刘达愤然答道："你们就是整死我，我也不签！"终于斗到刘达病发，无法视事。

近代物理系"回炉班"
学员在东区北门前合影留念

刘达在校风纪念碑前留影

尽管如此，学校不顾极"左"思潮的干扰，作出这一具有远见卓识的大胆决策，为学校培养了一批骨干教师，对中国科大的未来发展产生了深远的影响。现在，中国科大已在一些科研部门挑大梁的教授学者中，有许多就是"回炉班"的学生。说起这段往事，知情者都佩服刘达的远见卓识。刘达，这位铁骨铮铮的科大党委书记，仅此一项决策，就足以赢得科大人永久的怀念和感佩！

"回炉班"学员经过两年左右的培训后，即充实到学校的教员中，弥补了教员年龄断层，补充了学校的师资力量。与此同时，学校又想方设法，从全国各地物色调入教师200名左右，使师资队伍建设取得重要进展，为后来形成以年轻人才为主体的师资队伍奠定了基础，也为改革开放后中国科大的再次腾飞创造了基础条件。

"代拟稿"中的声声呐喊

经过1972年以来工农兵学员的教学实践，尽管中国科大在教学上付出了艰苦的努力，但还是深深感受到与学校培养科技创新人才的目标仍有不小的距离。科大人觉得必须通过考试选拔那些数理化基础好的高中毕业生，才能够实现培养优秀科技英才的使命。

1975年1月四届人大一次会议后，周恩来总理病重，邓小平受命主持国务院和党中央日常工作，开始了大刀阔斧的整顿。邓小平请示毛主席后并由中央决定，让胡耀邦去中国科学院工作，任中国科学院党的核心小组第一副组长，要求他把科学院的科研工作抓起来。7月18日，胡耀邦来到中国科学院，开始邓小平交代的工作。9月26日，邓小平在听取胡耀邦等汇报《关于科技工作的几个问题》（即《汇报提纲》）时插话说："大学究竟起什么作用？培养什么人？有些大学只是中等技术学校水平，何必办成大学？科学院要把科技大学办好，选数理化好的高中毕业生入学，不照顾干部子弟。这样做要是犯错误，我首先检讨。这不是复旧！一点外语知识、数理化知识也没有，还攀什么高峰？中峰也不行，低峰还有问题。"

根据邓小平关于"办好科技大学"的指示，中国科学院立即在北京召开关于中国科学技术大学办学方向和专业设置座谈会，中国科学院下属14个研究所、院机关各局领导及中国科大的负责人武汝扬、钱志道等参加会议。主持会议的郁文同志指出：胡耀邦等领导对办好科技大学十分重视，给中央的《汇报提纲》中提出，要把中国科大的体制由双重领导、以地方为主，改为双重领导、以院为主。科学院决心要把中国科大办好，指示科大代为科学院起草向国务院汇报的《关于中国科学技术大学几个问题的请示报告》。

1975年10月5日，中国科学院计划局在京与中国科学技术大学共同讨论办好中国科大的具体方案。10月23日，学校党委完成了《关于中国科学技术大学几个问题的请示报告》（即《代拟稿》）的起草工作。《代拟稿》提出：中国科学技术大学的任务主要是为中国科学院所属各研究所及其他科研部门培养科学

代拟稿原稿

技术人员。这些人应具有一定的自然科学理论基础并掌握近代科学实验技术和至少一门外国语能力的又红又专的科学技术工作者。应招收应届高中毕业生，经过文化考查，择优录取，学制四年。学生要学好近代自然科学理论基础——数学（包括计算技术）、物理、化学、电子学及其测试技术，以及必要的专业基础知识。学生在校期间就要参加科学实验活动，完成一定的科学研究任务。学校要搞好科学研究，使学校既是一个教学单位，又是一个科学研究单位，也是一个中间试验性和一个小批量生产一些产品的单位，为发展我国科学事业做出更大的贡献。《代拟稿》还提出试办理科中学以便为科大准备生源及教师队伍建设等问题。

中国科大率先发出了通过文化课考核择优选拔人才的第一声呐喊，这无疑是对"文革"期间教育思想的一次勇敢的正面冲击，同时也对恢复高考选拔人才制度起到了重要的促进作用，为"文革"结束后中国高等教育界实现全面"拨乱反正"吹响了号角。与此同时，《代拟稿》中关于人才培养的目标以及培养方法的表述，也凸显了科大人对科大使命的坚守，也是对中国科大创建初期的办学理念和目标的激情回归。

创新是科大的使命，创新是科大存在的价值。然而，创新有时候不免要付出代价。1976年1月，全国开展了"反击右倾翻案风"，中国科大首当其冲，承受了巨大的打击。根据安徽省委部署，学校召开大会动员全校师生员工深入开展教育革命大辩论，深入批判"右倾翻案风"。当时的安徽省委书记先后20多次对学校的运动作"指示"，要求大批《汇报提纲》《代拟稿》，追"风源"，查"黑手"，在科大层层揪"走资派"。接替刘达任科大党委书记的武汝扬同志被定为重犯走资派。

对于中国科大来说，当时真可谓是"黑云压城城欲摧"，然而，这毕竟只是黎明之前的黑暗，尽管中国科大的教育教学改革因此而被延缓了脚步，但度过漫漫严冬的科大人，终于在不久之后迎来了科学和教育明媚的春天。而《代拟稿》中所表达的科大人对"文革"造成的人才断层的忧患意识，以及科大人对未来人才培养、科学研究等方面的战略思考与超前布局，也使中国科大历史性地成为改革开放初期引领中国教育改革潮流的先行者。

人民日报:"一定要办好中国科技大学"

1976年,十年"文革"结束,中国大地解冻复苏,云开雾散,停滞十年的教育领域试图突破困境,迈进恢复发展和重新崛起的历史新时期。此时,中国科大所面临的历史使命,是更快更好更多地为国家培养和输送科学技术人才,以解决科技领域人才青黄不接的窘况。为此,1977年8月5日至13日,中国科学院在北京召开了中国科大第一次工作会议,提出要继续坚持"全院办校,所系结合"的方针,把科大建设成为中科院第二个学术中心,既要成为教学中心,又要成为科学中心,并制订了加强基础课教学、增设新的专业等一系列拨乱反正的改革措施。会议期间,年逾八旬的郭沫若老校长抱病会见了参加会议的全体代表,对大力办好中国科大给予极大关怀,并最后一次为科大题词:"忠诚党的教育事业"。8月18日,新华社报道了中国科学院召开中国科大工作会议的消息。

《人民日报》的报道

学校隆重集会庆祝党中央国务院批准报告

次日，《人民日报》头版重要位置刊登了这则以《一定要办好中国科技大学》为题的报道，并在编后语中称："在教育要大上的形势下，中国科技大学先迈出了一大步。"

紧接着，1977年9月5日，中国科学院向国务院提交了《关于中国科学技术大学几个问题的报告》。报告提出要继续坚持"全院办校，所系结合"的方针，采取措施加强中国科大的教学、科研工作，扎根安徽，把科大办成一个能够独立进行高水平教学和科研的重点大学，加强基础课教学，主要招收应届高中毕业生，在北京设立中国科大研究生院，加大基建投入等七条改革创新举措。这些改革措施都是在《代拟稿》和第一次工作会议的基础上，经过进一步深思熟虑而形成的。报告提交后，中共中央主席华国锋、副主席邓小平及国务院副总理纪登奎、余秋里、王震、谷牧等随后批阅同意。

对于历经磨难的科大人来说，这无异于久旱逢甘雨。9月30日，学校举行隆重集会，热烈庆祝党中央、国务院批准该报告，中国科学院和郭沫若、严济慈、华罗庚等发来贺电，安徽省委第一书记万里、中国科学院副院长李昌等出席大会并讲话，全校上下一片欢腾。自此，中国科大结束了长达10年的混乱无助、落魄无依的状态，开始走上教学科研的正途。1978年2月17日，中国科大被恢复列为全国重点大学。从此，中国科大从低谷中奋然跃上改革的潮头，建设与发展的面貌焕然一新。而中国科大随后迈出的这"一大步"，则拉开了"文革"后中国高等教育领域各项改革的序幕。

"知识荒原"上的"少年突击"

在中国高等教育界，说起20世纪70年代末至80年代初的改革创新，中国科大是绕不过去的一个焦点话题。在那样一个满目疮痍、百废待兴的年代里，年轻的中国科大成为"知识荒原"年代里的改革先锋：创办中国第一个研究生院、建设高校中第一个大科学工程、第一个试行"四—二—三"本硕博分流培养、第一个试行全校范围内的自主选择专业、设立新中国第一个以个人命名的奖学金……这一连串的"第一"使中国科大迅速名扬海内外，成为当时全国青少年最向往的大学。这其中，尤为世人所关注的无疑当属"少年班"。

少年班的创办思路，源自诺贝尔奖获得者、著名物理学家李政道博士的建议。1974年4月，李政道先生回国访问时深感"文革"给中国带来全面危机，而其中最大的危机是人才培养几乎完全停止了。他写了一份关于培养基础人才的建议书，通过周恩来总理上报毛泽东主席，建议在中国要培养一支"少而精的基础科学工作队伍"，可参考招收和培训芭蕾舞演员的办法，从全国选拔很少数、十三四岁、有培养条件的少年到大学去培训。这个建议因为受到"四人帮"的极力抵制和阻挠而未能实现。

1977年中国恢复了高考，中国处于百废待兴之际，早出人才、快出人才成为当时高等教育界的首要任务。当年10月20日，江西冶金学院教师倪霖致信国务院副总理、中科院院

李政道教授与部分少年班学生合影

长方毅，举荐13岁早慧少年宁铂，建议对其进行不拘一格的培养。11月3日，方毅批示："请科技大学去了解一下。如属实，应破格收入大学学习。"根据这一批示，科大派出2位教师带着考卷奔赴江西。通过现场考察，他们认为宁铂可以进科大学习。此事一经传出，轰动全国，各地举贤荐才的信件纷纷寄向中央、中科院和科大。

  由于考虑到像宁铂这样的早慧少年在全国可能有很多，科大校方认为应该创造一种针对早慧人才的超常培养模式，最大限度地来挖掘少年英才的潜力，于是提出了创办预科班（后改称"少年班"）的设想，并得到中国科学院的批准。科大人随即以特有的高效率开展工作，组织教师到全国各地逐个面试招生。1978年2月7日，《人民日报》发表了新华社报道《中国科学院不拘一格选择人才》，首次公开报道了中国科大录取智力超常少年的情况，并披露：中国科大将成立"预科班"。3月8日，学校举行第一期少年班（1977级）开学典礼。首期少年班共招收21名少年大学生，其中女生4名，平均年龄14岁，最小年龄11岁。方毅、郭沫若、严济慈、华罗庚、李昌等发来贺电。

少年班三十周年
庆典大会

少年班学生与老科学家在一起

副校长杨承宗和少年班同学交流如何掌握学习方法

少年班的创办令舆论界一片欢呼。3月20日,《人民日报》刊登了新华社记者采写的报道《中国科技大学少年班的豪迈誓言:我们要跑步奔向祖国的未来》。自此,少年班名扬天下。1983年，少年班创办五周年时，李政道教授从美国寄来贺词："人才代出，创作当少年；桃李天下，教育数科大。"

少年班创办40年来，针对早慧少年大学生的智力发展和身心发育等特点，开展了诸如自主招生、自主选择专业、心理健康教育等一系列教育教学改革，不断完善超常教育模式，取得了丰硕成果。

少年班学院

截至2015年，少年班超过创办37年来共毕业3162名本科生，超过90%考取国内外研究生。其中19%供职于科教界，超过200人成为国内外名校和科研机构教授，其中1人当选中国科学院院士、2人当选美国科学院院士、7人当选美国物理学会会士、5人当选美国电子电气工程师学会会士，另有多人入选美国医疗信息科学院、美国光学学会等会士，有多人获得海外华人物理学会优秀青年科学家奖、新加坡李光耀顶尖科研奖、美国Sloan研究奖、青年科学家总统奖、杰出青年电子工程师奖、国家自然基金成就奖、材料学会青年科学家奖、Parkard科学和工程奖等国际知名大奖。同时，有72%的毕业生活跃在企业界、金融界，其中在世界500强公司、企业任职的约35%。

少年班的创办及其所引发的广泛社会影响，在当时人才培养断层十多年的情况下，对正常的高等教育制度的恢复和发展，乃至对全国青少年立志向学，都起到了很重要的激励和推动作用。从某种意义上讲，少年班可谓当年中国正在到来的"科学的春天"的第一枝报春花。它甚至在全世界都产生了影响，向世人透露了"文革"浩劫后的中国将致力于科学创造的全新信息。这无疑是她的时代意义。

而作为一种教育模式，少年班也是对常规高等教育制度的良好补充和发展。任何社会、任何时代，都存在智力早慧的青少年群体，正常的、按部就班的教育制度对他们的个性发展和智力成熟，虽能起到奠基作用，也会产生禁锢和制约，从而使其不能尽早崭露头角。少年班有针对性的早慧教育，正是对常规教育制度的突破和补充。也因为如此，它是真正早慧少年的幸运之所。古人讲"因材施教"，少年班培养模式正是这一教育思想的有益实践，恰恰是顺应了特殊人才的成长规律。40年来，少年班以其杰出的人才培养成就，充分证明了这一点。

国务院批准成立新中国第一所研究生院

改革开放初期，中国科大的创举之一，是建立了中国高校中的第一所研究生院。这并非科大人的突发奇想，而是早有思想准备，并且一度筹建却被迫搁浅的事情。早期积极推进这件大事的人，是著名科学家、科大应用地球物理系首任系主任赵九章。

早在1962年10月，赵九章就曾致信中科院副院长张劲夫、秘书长郁文，建议在科大创办研究生院，为中科院培养研究生。他还在信中就研究生入学试题、研究生课程讲授、研究生毕业考试及论文答辩等方面提出了具体建议。次年5月，他再次致信副院长张劲夫和科大副校长武汝扬，提出可以先办研究生班，后建研究生院的建议，得到中科院领导的认可。尽管后来由于"文革"的干扰，研究生院创办工作中断，但这几年的探索为1978年科大创办研究生院积累了经验，也奠定了基础。

1977年10月10日，中国科学院向国务院报送了《关于招收研究生的请示报告》。10月20日，严济慈在《人民日报》发表文章《为办好研究生院而竭尽全力》，阐述办好研究生院的决心和信心："中国科学技术大学研究生院，是中国科学院委托中国科技大学协同京区各研究所，在中国科学院的直接领导下筹办的，对研究生的培养有具体的途径和明确的要求。我们希望造就政治觉悟高、知识面广、专业训练好、进取心强、敢于攻难关攀高峰开拓新方向的一代闯将，成为赶超世界先进水平的生力军。"

在严济慈等老一辈科学家的推动下，中国科大建立研究生院的夙

原研究生院（北京）大门

愿终于实现了。1977年11月3日，中国科学院与教育部联合发出《关于一九七七年招收研究生具体办法的通知》，标志着我国研究生教育制度在中止了12年之后得到了恢复。1978年3月，经国务院批准，中国科学技术大学研究生院在北京成立。这是全国高校第一所同时也是迄今由国务院直接批准的唯一一所研究生院。1980年2月，我国公布了《中华人民共和国学位条例》，标志着中国学位制度正式走上法制化轨道。

1982年，中国科大研究生院的第一批研究生毕业了。次年5月27日，在人民大会堂隆重举行了博士、硕士学位授予大会，全国首批被授予博士学位的有18人，其中，中国科大李尚志、赵林城、范洪义、白志东、单墫、苏淳、冯玉琳等7人分别获得理学、工学博士学位，成为我国历史上自己培养出的首批博士。

多年后，已是全国教学名师的李尚志教授对当年的事还记忆犹新："1983年5月27日，在人民大会堂隆重举行了博士、硕士学位授予大会。我作为中国自己培养的首批18名博士的一员，站在人民大会堂的主席台

1983年5月,党和国家领导人在人民大会堂接见我国首批博士及其导师代表

上,从严济慈校长手中接过博士学位证书。手捧着紫红色封面的博士证书站在那里,面对全会场人们的祝贺,置身于音乐声和掌声之中,虽然明知这是千真万确的事实,但无论如何也驱散不了这是在做梦的感觉。这太美好了,比以前做过的所有的美梦都更美好。"

我国学位制度的建立与完善,以及首批博士的诞生,标志着中国的高端人才培养进入一个重要历史时期。30多年后的今天,中国已成为全球博士数量最多的国家,"国产"博士、硕士也越来越成为社会经济发展、科技进步等领域的顶梁柱。而创立了全国第一个研究生院并在随后的40年时间里取得快速发展的中国科大,则为这一重要进程做出了特殊的贡献。

"小讲师"与"大工程"

我国高校中迄今唯一的大科学工程——国家同步辐射实验室,是改革开放初期科大人在科研领域奋力拼搏、锐意创新的又一力作。

20世纪70年代后期,高能物理的副产品——同步辐射光源的应用越来越受到世界各国科学界的重视。1977年10月,全国自然科学学科规划会议在北京召开,中国科大"教育革命组副组长"包忠谋等30多人参加了这次会议。会上,他们提出了建设同步辐射光源的申请,并最终被列入全国科学技术发展纲要。当时科大加速器专业仅有23人,职称最高的也只是讲师,外界因此对由这些"小字辈"来做这件事表示怀疑。但是,在方毅副总理和国家计委、科学院的大力支持下,经过预研制、工程设计和与国内有关工厂对于特殊部件的联合研制,这些"小字辈"竟然克服了重重困难,建成这项大科学工程,填补了我国高科技领域的一项空白,使我国在国际同步辐射界占有一席之地。

这批年轻教师中尤其值得一提的是后来被科大"加速器人"称为"四大金刚"的何多慧、裴元吉、金玉明与张武,他们在"文革"结束前就开始了此项科研探索。张武尝试运行从高能所搬过来的一台2.5 MeV电子静电加速器,没有成功;金玉明曾努力重装一台700 keV的质子静电加速器,但只能作为教学演示用;裴元吉准备建一个跑道式的电子回旋加

当年正在建设中的同步辐射实验室储存环大厅

国家同步辐射实验室储存环大厅现状

速器,最后也没有完成;而何多慧作为加速器专业委员会主任,做的更多的是为专业发展找寻出路,但也没多少结果。但长期主管学校科学研究的包忠谋对他们的工作给予了极大支持。

"文革"结束后,在杨承宗先生及中科院高能所有关专家的提醒下,这些"加速器人"迅即瞄准了建设同步辐射光源这个目标。项目拿下后，包忠谋为具体总负责人，而何多慧则被选为技术总负责人，与裴元吉、金玉明、张武分别负责直线加速器、物理设计与磁铁等关键性的理论、技术环节。

已是中国工程院院士的何多慧遥想当年依然心潮澎湃："1978年春，我和我的同事们承担了研制、设计、建造我国第一台专用同步辐射加速器的任务。我们是一群年轻人，没有经验，没有权威，也没有像样的设备。当时中国也从未建造过那么大、那样复杂的加速器。但是，我们坚信路是人走出来的，我们渴望祖国强盛，渴望南迁后的学校能迅速重新站立起来，我们决心奋斗。十多年里，大家团结一致，刻苦钻研，顽强拼搏，不知熬过了多少个不眠之夜，放弃了多少个假日和周末，连家庭和子女都不顾。终于，我们完全依靠中国人自己的力量建成了我国第一台专用同步辐射加速器。当大家看到那璀璨的同步辐射光时，一个个刚强的汉子也都流下了热泪。"

首次承建大科学工程，学校把与加速器工程有关的人才聚集起来，采取大协作的方式。如后来加入加速器建设队伍、主管实验区建设的张允武来自化学物理系，包忠谋将其与何、裴、金、张并称为"五大金刚"。为加工直线加速器的加速管，精密机械与精密仪器系组织起以金泰义为首的团队投入建设；为研制超高真空系统，调来物理教研室的李贵和，等等。

1984年11月20日，国家同步辐射实验室一期工程在西校区破土动工。1989年建成出光，1991年12月通过国家验收。在自力更生的基础上，一帮年轻的"加速器人"终于用较低的成本建成了我国第一台同步辐射加速器，在国内外引起了强烈的反响。

国家同步辐射实验室是我国第一个国家实验室，实验室拥有的同步辐射光源是国内高校中第一个大科学装置和国家

1984年11月，胡启立、严济慈等参加国家同步辐射实验室奠基典礼

1991年12月，经历13年筹建的国家同步辐射实验室终于通过国家验收。图为学部委员王淦昌宣读专家组验收意见

级实验研究平台，可广泛应用于物理、化学、材料科学、生命科学、信息科学、力学、地学、医学、药学等众多基础研究和应用研究领域。目前，实验室建有X射线光刻、红外与远红外、高空间分辨X射线成像、X射线衍射与散射等15条光束线和相应的实验站。

"梅"与"牛"

20世纪80年代的改革开放、民主办学，不仅使科大在整体实力上蒸蒸日上，而且使学校的文化与时俱进，有了更加鲜明的特色和个性。最能代表科大文化个性的象征符号——梅和牛，都产生于这个时期。

20世纪80年代初，是全国知识界集体反思"文革"创伤，寻找民族之魂的时期，科大也在有意识地寻找自我认同的文化个性的象征物。那时，学校开始启动校徽设计工作，期待借此可以凝练学校的核心价值和发展目标。经过广泛的征集和筛选，大家认为，梅花可以比较传神地传达出那个时代的科大形象和精神。科大人经历了"文革"的寒冬和改革开放的春风拂面，对笑风傲雪、暗香浮动的梅花情有独钟。科大校园里散落各处的梅树伴随着科大人走过冬季，走向春天，也见证了科大从艰难到蓬勃的历史足迹。

校徽

因此，从那次征集之后，梅花形图案就作为中国科大校徽的主元素沿用至今，承载了一代代老科大人的深厚感情。梅花校徽的画面简洁，象征图案是梅花，经过抽象成为勾勒花边的线条。梅花的中心部分是一本打开的书和一枚腾空飞跃的火箭，象征着科大人顶风傲雪、绽放清芳的品格，以及积极进取、追求真知、勇于担当国家使命、奋力攀登科学高峰的崇高理想。梅花校徽比较准确地传达了科大人科教报国的情怀和不畏艰险的精神品格。

"孺子牛"雕塑

　　"孺子牛"雕塑也是中国科大的文化象征物之一。1983年春天，恢复高考后的中国科大第一届毕业生即将告别母校，他们中就包括大名鼎鼎的首届少年班毕业生。依依惜别的不舍之情，让这群风华正茂的青年才俊有了一个共同的心愿：集体捐款为母校赠送一座雕塑。这个倡议立刻得到所有学生的赞同。随后，学生会的同学找到雕塑家程连仲先生，共同确定了"牛"的题材，据说原因之一就是1978级科大学子属牛的人很多。其实，当时"科学技术是第一生产力"的口号深入人心，大家很自然地想到科技推动世界进步这一主题。当年9月21日最终落成的"孺子牛"雕塑，在宽厚的基座上，两头初生牛犊肩峰突出、低首蹬足、相向奋蹄，用犄角、阔背奋力推动地球，非常形象地表现了这一主题。这座凝重粗糙的青灰色水泥雕像，起初坐落在图书馆后侧，现已被迁到学校的中心广场草坪上。

据说，这座雕像原定名"扭转乾坤"，后来有人觉得名字取得过于张扬，和科大勤勉踏实内敛不争的风格不太符合，于是改作默默耕耘的"孺子牛"。虽然名字改了，但雕塑里透出的那股精气神却没变。它因而成为20世纪80年代科大人的精神图腾——科大人将骨子里的追求卓越、攀登科学高峰的雄心壮志，通过一个昂扬的雕塑进行了一次含蓄的抒发。

"孺子牛"雕塑给了无数科大人鼓舞和启迪。有人描述道："看着这孺子牛，你仿佛感到它周身有奔涌的热血，感到它喘息喷吐的热气，听到它短促而振聋发聩的咆哮。昏庸的，在这里头脑清醒；软弱的，在这里挺直腰杆；忘本的，在这里记起过去。做孺子牛，吃进草，挤出奶，负重远行；做孺子牛，鞠躬尽瘁，死而后已。"

梅与牛的文化象征，是中国科大近60年文化积淀的产物，但其同时出现在20世纪80年代，并不是偶然的。在中国的高等教育界，那是科大人意气风发的年代，作为改革开放的潮头尖兵，作为全国青少年热切向往的科学殿堂，作为当时最有国际声誉的著名学府，科大的师生们豪情飞扬，尽情地张扬着自己的个性。与此同时，融入血脉之中的爱国情、报国志，以及朴实无华、刻苦拼搏的校风，也在这个时期得到进一步的升华。可以说，80年代是中国科大创新超越、继往开来的极为重要的历史时期，由此而给梅与牛所赋予的具体而个性的文化意蕴，也是最为深刻的：

梅的清洁朴素，蕴含着科大人独立不倚、收敛不争、远离浮华而淡泊明志的生命态度；

牛的志韧孤傲，彰显着科大人创新进取、顶天立地、不甘平庸而荣校报国的事业精神。

梅与牛，体现了收与放的动态平衡和辨证运动，凸显了淡定自守的生命态度与矢志追求的生命精神，表达了寻常所见而意蕴独特的科大人的文化品格。

在西区，你好想长啸

西区建设源于国家"七五"期间重点建设项目。1983年底，中国决定在"七五"期间重点投资建设一批重点大学。当时的全国人大常委会副委员长兼科大校长严济慈抱病"上书"邓小平，建议增列科大为重点建设大学。12月14日，一直关注科大发展的邓小平批示："据我了解，科技大学办得较好，年轻人才较多，应予扶持。"此后，科大被列入"七五"期间国家重点建设的高校。

1986年6月，国家计委批准中国科大第一期工程计划任务，扩建校舍建筑面积167000平方米，总投资9300万元。9月20日，学校举行新校区工程奠基典礼。经过"七五""八五"国家重点建设，截至1988年底，中国科大的校园面积扩大近一倍，建筑面积由迁址到合肥时的6万平方米增至51万余平方米。教学三楼、电子楼、力学楼、生物楼和国家同步辐射实

1986年9月20日，学校举行新校区（西区）奠基典礼

今日西区

验室等相继建成。

1987年,科大西区正在建设之中,1987级新同学就住进了西区。一位1987级校友回忆说,"当我们兴冲冲地来到西区时,颇有当年知识分子去到北大荒的感觉。那时西区没有图书馆,没有实验楼,没有教三楼,没有4号楼和5号楼,也没有书店、理发店和卖苹果的,只有空荡荡的食堂,3座宿舍楼和西边乒乓球室及东边医务室那片平房。晚上,除了3个宿舍楼,放眼望去,一片黑暗。当第一个冬天来临,朔风吹起,看着那一片旷野,听着那声声凄凉的呼号,无人不起思乡之情。""秋冬季节,西区白茫茫的芦苇花映着昏黄的太阳,一副极尽肃杀壮美的景象。站在那时西区的池塘边,心中的旋律有点像《红高粱》结束时的唢呐声,你只觉得好想长啸。"

不过,西区的同学们并没有被艰苦的条件吓倒,他们写了一封致全体老生的信,表示要发扬科大创建时期的好传统,艰苦奋斗,开创"西区精神"。他们积极参加建校劳动，工作地点是现在西区正中心的也西湖。当时，那是一片淤泥地，散发着让人难以忍受的臭味，同学们毫不犹豫地踏进了那片淤泥地。滑腻的淤泥沿着球鞋的边沿向两边分开，黑色的泥浆逐渐漫过脚背浸入鞋中。走一步，呱叽一下，弄不好球鞋会被淤泥吸住。那段时间，整个西区都迷漫着那种淤泥的味道。同学们回到宿舍便把鞋袜脱在门外，每个门前都有一排沾满了淤泥的鞋子。

当每个同学都倾全力投入这场劳动，系与系之间的竞赛达到白热化的关键时刻，负责监工的班主任首先发难了。他们向领导们反映这种工作实在太为难学子们了。于是同学们奉命撤出了湖心阵地，来到重新划分的岸边相对干燥的地方。但不久同学们的积极性就被另一种竞赛调动起来。由于运输距离短，刚铲进箩筐没走几步就要倾倒，某班便率先采用"空运"的方法。其操作方法是：背对目的地，铲一锹半干不湿的泥土，不多不少，弯腰弓步扭身，突然发力，全力将锹向背后抡去。由于惯性，泥土就会划着美丽的弧线向后面飞去。铁锹翻飞，泥土带着呼啸飞驰，落地铿锵有声。而腰腹力量不足的就把注意力转到小动物身上。一会是黄鳝，一会是虾子，工地上不时引起骚动。有一位毛头小子，看见一锹出来个长家伙，以为是黄鳝，伸手便捉。哪知那家伙不乐意，奋起抗暴，狠狠咬了他一口。原来是条蛇！后来，大家把这个倒霉蛋送到了医院，医院说是水蛇，没关系，为慎重起见，观察几天。后来有人将那条蛇送给生物系脱脂后制成标本，留给那位同学作纪念了，据说他经常拿出那张蛇皮向大家诉说"苦难的岁月"。

"果酱"的前世今生

设立于1980年的郭沫若奖学金是新中国第一奖学金、首个个人冠名奖学金，中国科学技术大学学生最高荣誉奖项，被同学们亲切地戏称为"果酱"。截至2016年，"果酱"已颁发35届，共有846名学生获此殊荣。

旧中国曾有奖学金制度，但新中国成立后到改革开放前，高校一直实行"助困"性质的人民助学金制度，没有实行"奖优"性质的奖学金制度。直到1983年，教育部才发文开始实施人民助学金和人民奖学金并存的办法。而在这之前，1980年1月12日，中国科学院就向国务院提交了关于在中国科大设立郭沫若奖学金的请示，经李先念等中央领导的首肯，2月25日国务院正式批准设立郭沫若奖学金。

据中国科大1980年大事记记载："'郭沫若奖学金'是中国科学院利用郭沫若院长生前交给院党组的15万元稿费在我校设立的专项奖学金。学校每年仅使用这笔稿费的银行利息。'郭沫若奖学金'每年设15个名额，获奖者可获得一枚'郭沫若奖学金获得者'银质奖章和200元现金。"

1981年3月12日,中国科大举行首届"郭沫若奖学金"颁奖大会,彭小维等15名同学获得首届"郭沫若奖学金"。据说当年金银短缺,科大为了制作奖章,还专门向中国人民银行总行申请了10公斤白银,一共制作了200枚奖章,备足了十多年所需的奖章。

郭沫若先生从1958年9月起一直兼任中国科大校长,直到1978年6月病逝,长达20年之久。他对科大感情至深,据郭老女儿郭庶英回忆,在其去世前一年,郭老还说很想念科大的同志,并表示"等我身体好起来,索性到安徽去住"。郭庶英说:"安徽很热,你身体受不了。"郭老却不以为然地说:"那么多同志都在那里住嘛。"遗憾的是,由于年老多病,郭老最终没能踏上他一手缔造的中国科大在合肥的校园。

1987年,郭沫若奖学金额度提升至500元,这超过了大学毕业生半年的工资。之后,郭沫若儿女、中科院数次向郭沫若奖学金注资,奖金在1995年提升为2000元。

1985年的郭沫若奖学金证书与奖章

2016年郭奖颁奖典礼上,时任校长万立骏院士(左三)与获奖学生及家人师友合影

2007年,"为了使郭奖之崇高地位无可动摇",中国科大新创校友基金会和学校签署协议,决定长期资助郭沫若奖学金,注资将郭沫若奖学金奖励额度从2000元大幅度提升为8000元,后又提升为1万元。

郭奖自1981年3月12日首次颁发以来,到2016年共有846名科大学子获此殊荣,其中本科生751名,研究生95名。毕业后他们大部分都有哈佛、耶鲁、普林斯顿等顶尖大学留学经历,在国内外各领域中做出了杰出的成绩。据不完全统计,仅在前三届51名郭沫若奖获得者中,就有8人拥有11个权威学会会士(或院士)头衔,拥有会士头衔的得主比例高达15.6%。近年来,有几十位郭沫若奖学金得主回国效力,出任中国科大、清华、北大与上海交大等名校教授。

"三大工程"催生世界一流大学之梦

1992年,邓小平发表"南方谈话",中共十四大首次明确提出建立社会主义市场经济,中国的现代化历史进程出现重大转折,由此开始从计划经济体制向社会主义市场经济体制过渡的重大转变。在随后的几年里,知识经济悄然兴起,知识代替物质资源成为经济发展的最重要的资源,知识与经济的一体化逐渐成为当代世界经济和知识发展的新现象、新趋势。

在这一历史背景下,1993年党中央、国务院正式发布《中国教育改革和发展纲要》,提出"集中中央和地方等各方面的力量办好100所左右重点大学和一批重点学科、专业"。两年后,"211工程"正式启动建设;1999年,国务院批转教育部《面向21世纪教育振兴行动计划》,决定重点支持部分高等学校创建世界一流大学和高水平大学,简称"985工程";与此同时,中国科学院也开展了旨在提升原始创新能力的"知识创新工程"的试点工作。借此三大工程的实施,中国高等教育开始进入快速发展的新时期。

自1993年起,中国科大着手贯彻落实《中国教育改革和发展纲要》,根据国家实施"211工程"和中国科学院结构调整的部署,制定"211工程"规划,提出以改革为动力,经过跨世纪的努力,把学校建成国际著名、规模适中、独具特色的研究型大学,成为国家重要的教学科研基地,向世界一流大学迈进。1994年9月,中国科大"211工程"规划顺利通过

2013年10月10日，中国首批九所"985工程"大学（C9）与美国大学联盟（AAU）、欧洲研究型大学联盟（LERU）、澳大利亚八校联盟（Go8）负责人共同签署旨在阐释现代研究型大学的主要特征与使命的《合肥宣言》。左一为时任中国科大校长侯建国院士

中国科学院组织的部门预审。1995年12月，包括中国科大在内的一批重点大学进入国家"211工程"重点建设项目。此后，分别于2002年和2008年，继续被批准进入"211工程"二期、三期重点建设项目。

1999年7月，中国科学院、教育部、安徽省政府签署重点共建中国科大协议，支持中国科大创办国际知名的高水平大学。这是我国"985工程"签署的第一个重点共建协议。此后，2004年10月和2009年3月，中国科学院、教育部、安徽省三方分别签署协议，持续重点共建中国科大，支持中国科大创办世界一流的研究型大学。

几乎与"985工程"同步，1998年，中国科学院做出了实施知识创新工程的重大战略决策。同年，中国科大被纳入知识创新工程体系试点范围，并在其后的若干年里一直得到中科院知识创新工程的重点支持。

"三大工程"的相继实施，使得中国科大争创世界一流研究型大学的梦想逐渐清晰。1998年9月，江泽民同志为中国科大建校40周年题词"面向21世纪，建设一流大学，培育一流人才"。随后，结合国家"985工程"的实施，学校首次提出到2018年建校60

周年前后，把学校建成规模适度、质量优异、结构合理、特色鲜明的一流研究型大学，并组织力量，研究制定了中国科大建设世界知名的高水平大学规划。

从1999年开始，中国科大领导班子多次组团访问哈佛大学、耶鲁大学、剑桥大学等欧美一流大学，并召开多次研讨会，就"什么是世界一流大学""怎样建设世界一流大学"这两个根本问题，博采众长、集思广益，初步形成了具有中国科大特色的争创一流的办学理念与思路，并在教育教学改革和学校事业发展过程中得到坚持不懈的贯彻。

十多年来，中国科大将"985工程""211工程"与知识创新工程紧密结合起来，实施了一系列重大改革发展举措，重点加大了对教学和人才培养、学科与科研基地建设、师资队伍、公共服务体系和基础设施建设等方面的投入力度，建设步伐明显加快，办学条件得到了明显改善。

2008年9月，在中国科大建校50周年之际，胡锦涛同志致信表示祝贺，希望中国科大进一步增强使命感和责任感，瞄准世界科技前沿，服务国家发展战略，创造性地做好教学和科研工作，努力办成世界一流的研究型大学，培养造就更多更好的创新人才。胡锦涛同志的贺信，首次提出中国科大要创办"世界一流的研究型大学"的目标。这既是中国科大跨世纪的十多年里不断增强办学实力、提升办学水平的结果，也是党和国家对中国科大提出的更高要求。

2011年4月9日，时任中共中央政治局常委、

胡锦涛同志给中国科大50周年校庆的贺信

中央书记处书记、国家副主席习近平在视察中国科大时指出:"科大是我们国家的重要学府,有很强的科研教学水平,也有优良的教学传统,培养了大批优秀人才。这是一个很值得敬重的大学,同学们能在这里就学很值得自豪,大家一定要珍惜在科大学习的机会,真正在这里德智体美全面发展。大学是积累知识的最重要的一个阶段,是提升能力的最重要的一个时机,打好基础,将来才能报效祖国……我相信,我们新一代的中华民族的年轻人一定会薪火相传,为我们中华民族的伟大复兴,做出你们应有的历史性的贡献。"

同年7月5日上午,时任中共中央政治局常委、国务院副总理李克强在视察中国科大科技创新情况并看望师生时,对中国科大取得的办学成就以及科技创新成果表示赞赏。他说,中国科大是我国重要的高等学府,而且具有相当的国际知名度,目前正在向世界一流研究型大学迈进。特别是在科技创新方面,科大有较强的实力,又有中国科学院作为强大的后盾。祝愿中国科大不断创造辉煌!

2011年李克强视察中国科大,并为研究生支教队题词:"志愿服务,报效社会"

2016年4月26日，中共中央总书记、国家主席、中央军委主席习近平再次到中国科大考察，强调指出："中国科技大学作为以前沿科学和高新技术为主的大学，这些年抓科技创新动作快、力度大、成效明显，值得肯定。当今世界科技革命和产业变革方兴未艾，我们要增强使命感，把创新作为最大政策，奋起直追、迎头赶上。中国科技大学要勇于创新、敢于超越、力争一流，在人才培养和创新领域取得更加骄人的成绩，为国家现代化建设做出更大的贡献。"

习近平同志视察中国科大、中国科大先进技术研究院

2016年习总书记视察中国科大

漫说中国科大

谈今

科大为何"墙内开花墙外香"?

随着近年来在国际上享有盛誉的THE、U.S. News、QS、ARWU等大学排行榜在国内影响力的逐渐扩大,人们忽然发现,被国内大学排行榜"慢待"的中国科大,在上述有国际公信力的大学排行榜上一直名列中国大陆高校前茅。

中国人历来热衷于排名,因为排名不仅事关社会声誉,还牵扯到切身利益。不过,有排名就必须有标准,现在叫"指标体系和算法",标准"差之毫厘",结果往往"谬之千里"。因此,看排名不能只图热闹,还要看排名背后的门道。

在中国,大学排行榜受到社会公众的高度关注,但公众

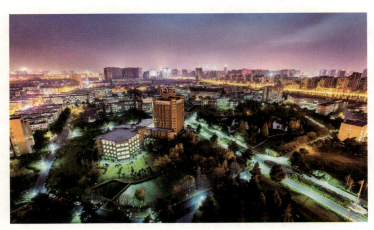

西区夜景

对"热闹"背后的"门道"却缺乏足够的了解和认识,因而排行榜中不科学、不客观、不公正的问题也在较大程度上误导了公众,并以其持续多年的影响力对中国大学的科学发展产生了难以估量的负面影响。

以中国科大为例,排行榜没有大行其道之前,她是国人心目中的顶尖高校之一,也是无数青年学子热切向往的大学。20世纪90年代以后,随着国内各类排行榜的陆续出台,人们惊讶地发现,这些排行榜上的前十名高校中基本上找不到科大的身影,有时候甚至连前二十名里都难觅她的"芳踪"。起初,人们觉得这样的排名结果是荒唐的,不值得采信,可是随着某些排行机构持续近20年的商业化推广,这类排行榜在新生代中的影响力越来越大,于是"科大是不是真的衰落了?"一类的疑问开始在人们的脑海里盘旋,并最终貌似尘埃落定。

中国科大基本数据

学院	20个
系	30个
本科招生专业	37个
一级学科博士点	27个
ESI前1%/1‰学科	10/4个
在校学生	23309人
本科生	7381人
博士研究生	4378人
硕士研究生	11550人
教学科研人员	1917人
两院院士	47人
教授	632人
校区面积	206.5公顷

(截至2017年3月28日)

然而，随着近年来在国际上享有盛誉的THE（Times Higher Education，英国泰晤士高等教育）、U.S. News（U.S. News & World Report，美国新闻和世界报道）、QS（Quacquarelli Symonds，英国职业与教育研究公司）、ARWU（Academic Ranking of World Universities，世界大学学术排名）等大学排行榜在国内影响力的逐渐扩大，人们忽然发现，被国内大学排行榜"慢待"的中国科大，在上述有国际公信力的大学排行榜上一直名列中国大陆高校前茅。

以2016年为例，在THE"2016世界大学排行榜"上，中国科大位于国际第153名，在中国大陆高校中位居第三；在2016年U.S. News"世界大学排行榜"上，中国科大国际排名第136名、中国大陆高校排名第四；在QS"2016年世界大学排名"中，中国科大国际排名第104名，在中国大陆高校中位居第五；在上海交通大学世界一流大学研究中心"2016年中国大学排名"中，中国科大排名第四，中国大陆高校第三；在THE"2016年亚洲前200名大学排行榜"中，中国科

中国科大世界大学排名

大排名亚洲第14名、中国大陆高校第三；在THE"2016全球生命科学专业TOP100高校"中，中国科大位居世界第95位，中国大陆高校第一；在THE"2016全球工程技术专业TOP100高校"中，中国科大位居世界第64位，中国大陆高校第四；在英国自然出版集团发布的2016年全球自然指数中，中国科大在国际科研机构排名第31位，位居中国大陆高校第四。

中国科大为什么会"墙内开花墙外香"？是她陡然发力悄然赶超，还是外国人雾里看花高估了科大？答案当然是：NO！

其实，科大还是当初的那个科大，尽管为国内大学排行榜在社会声誉方面的影响所累，同时在地理位置等方面处于劣势，而且学科专业设置与新生代价值取向之间的矛盾客观存在，但科大始终在前行，从未被困难压垮。之所以在国内外大学排行榜上处于冰火两重天的境地，根本原因在于中外大学排行榜的评价导向以及指标体系和算法存在较大差异。

2012年5月，《人民日报》曾就中国大学排行榜乱象发表一组报道，指出我国当前存在10多个机构、30多个不同类型的大学排行榜。除了学术机构推出的排行榜之外，商业机构的排行榜正越来越多地吸引着公众眼球。"在鱼龙混杂的大学排行榜中，不同版本之间互相'掐架'，不过是乱象的冰山一角。评价指标不科学、评估过程不透明，成为大学排行榜的'第二宗罪'"，"更令公众哗然的是，大学排行榜还爆出'贿赂门'丑闻"。有教育专家指出，这些排行榜的指标体系和计算方法充斥着"数量"替代"质量"、"规模制胜"的逻辑，往往用所谓的"综合实力排名"把不同类型、不同体量、不同学科的学校放在同一个量化指标体系里比较，这使得一些质量优异而规模较小的大学，或单科性大学，在排行榜上的位置往往不能体现其真正的办学质量和社会地位。应该说，如此不科学、不客观的排行榜近20年来的持续影响，客观上混淆一些事实，误导

樱花大道

了部分公众，造成了社会大众对大学办学质量和水平的错误认知，也对中国大学的科学发展产生了负面影响。

中国科大自1958年创办以来，始终坚持"质量优异、特色鲜明、规模适度、结构合理"的办学理念，追求的是"精品办学、英才培养"，无论是师资队伍、招生数量，还是学科门类、校园基本建设等，都是规模和数量最小的中国名校之一。因此，在国内某些突出数量和规模的大学排行榜上，科大的排名自然与其实际办学水平和质量不相符合。反观比较具有公信力和国际影响力的大学排行榜，往往注重对办学质量、学术声誉和培养质量的关注。在这些排行榜上，小而精、小而强的中国科大能得到充分认可，是再自然不过的事了。

所幸的是，近年来，随着国家对高等教育质量的重视，国内某些排行榜也开始与时俱进，陆续推出了"毕业生质量""教师平均绩效"等相对更加注重质量和水平的单榜。而在这些单榜中，中国科大的杰出表现终于得到了认可——在某民间机构推出的2015年中国大学本科毕业生质量排行榜上，中国科大名列第二，其中在教师平均学术水平指标上中国科大名列榜首……

"高校中的'精品'"

科大人与生俱来就有一种争创一流的劲头。在1958年开学典礼上，郭沫若校长就说："我们不仅要掌握尖端，还要创造尖端。我们不仅要攀登上科学的高峰，还要不断创造科学的高峰。"

为了实现这个目标，无论是初创时期面对一穷二白的条件，还是在南迁合肥濒临解体的境况下，科大人都永不言败、不甘平庸，总是固执地将追求卓越当成自己的奋斗目标。

科大人的这种执着精神以及他们取得的卓越办学成就，使得高等教育界和学术界众多贤达之士为之感佩并寄予期许。1999年，时任教育部部长陈至立说："科大充满生机活力，是高校中的'精品'。"

水晶·樱花大道

刘延东同志视察中国科大

2008年，时任国务委员刘延东视察科大，带来了胡锦涛同志给中国科大50周年校庆发来的贺信。贺信中说，"半个世纪以来，中国科学技术大学依托中国科学院，按照全院办校，所系结合的方针，弘扬'红专并进，理实交融'的校风，努力推进教学和科研工作的改革创新，为党和国家培养了一大批科技人才，取得了一系列具有世界先进水平的原创性科技成果，为推动我国科教事业发展和社会主义现代化建设做出了重要贡献。"

在座谈会上，刘延东说："中国科大始终与共和国同呼吸、共命运，始终秉承'创新立校，科教报国'的办学理念，坚持'全院办校，所系结合'的办学方针，成为新中国创办的最成功的大学之一。五十年的实践证明，中国科大的历史是一部爱国史、奋斗史和创业史。中国科大没有辜负党和人民的厚爱和重托，无愧于'科技英才之摇篮'的美誉，中国科大是我国高水平研究型大学的排头兵之一。"

刘延东同志视察中国科大

"百所助一校"是一种什么样的体验？

目前，有40多个研究所直接参与学校的本科生培养，研究院所的院士、所长、专家共20余人兼任学校相关院、系的领导；每年有400多名专家来校做前沿学术讲座，开设本科、研究生专业课程30多门。频繁从外地来科大工作和授课的科学家们，已经分不清是"出差"还是"上班"。

"全院办校，所系结合"是中国科大独特的办学模式，在我国高等教育界独树一帜，改变了传统教育体制和科研体制相互割裂的状况，长期以来显示出强大的生命力，也成为中国科大跨越式发展的重要原因。

1958年，中国科大在北京创办之初，中国科学院就确立了"全院办校，所系结合"的办学方针，集全院之力支持中国科大办学，科大的每个系都和中国科学院一个或几个相关联的研究所对口合作，这使中国科大从一诞生起，就呈现出群星璀璨、大师云集的盛况，在很高的起点上踏上了跨越式发展的路程。

1970年中国科大南迁合肥后，由于受到空间、地域等因素的影响，"全院办校，所系结合"方针的贯彻实施受到了很大的影响，但中国科大学科专业和中科院各研究机构血脉相连，仍然在教学、科研等很多领域保持了密切的联系与合作，并为中国科大在改革开放后的再次崛起提供了动力支持。

2003年以来，为支持中国科大创建世界一流研究型大学和

一鉴亭

促进研究院所实施知识创新工程,中科院先后召开了第三、第四次科大发展工作会议和"全院办校,所系结合"座谈会,制定实施了一系列政策措施,专门印发了《关于支持中国科学技术大学贯彻新形势下"全院办校,所系结合"办学方针的意见》,旨在从行政推动、机制调控、利益互惠等多层面,进一步推动新形势下"全院办校,所系结合"。

2009年1月,中国科学院印发《关于进一步推进科教紧密结合,培养创新人才工作的实施意见》,在全院掀起了"所系结合"的新高潮。中国科大与院属研究院所积极行动,大力推进科教结合、协同创新,在创新人才培养、共建科研平台建设、促进资源共享等方面都取得了显著成效,"全院办校,所系结合"的办学方针焕发出新的强大生命力。

近年来,在中科院"三位一体"科教融合发展理念的指引和支持下,校所合作领域迅速扩大,合作层次不断提升,并且在新形势下赋予科教结合新内涵,努力在已有基础上实现"三个突破":一是合作机制突破,共建学院、共享科教资源,实现研究生教育实质性融合;二是培养模式突破,共建科技英才班,实现本硕博长周期培养;三是发展布局突破,在中科院党组的领导下,与所系结合基础好、学科发展互补性强的研究院所合作。

截至目前,中国科大已与中科院12个分院、25个研究院所共100多个研究机构建立了紧密的全面合作关系,合作领域扩展到学科共建、拔尖人才培养、师资互聘、学术交流、科研合作等,"科教结合,百所助一校"

成为中国科大最为显著的办学特色。

本着"面向研究院所需求,学科结构优势互补"的原则,2009年以来,中国科大先后与中科院合肥物质科学研究院、计算所、数学与系统科学研究院、金属研究所、长春光机所、紫金山天文台、苏州纳米所等相关研究院所合作成立了核科学技术学院、计算机科学与技术学院、数学科学学院、环境科学与光电技术学院、材料科学与工程学院、国家示范性微电子学院、天文与空间科学学院、纳米技术与纳米仿生学院等学院,与上海光机所、广州能源所等共建了光学与光学工程系、热科学和能源工程系等系科特色专业,按照最新科学前沿和国家战略需求设置专业、培养方案和课程体系,努力造就适应研究院所需求的高层次创新人才。

双方通过组建联合实验室、工程中心等方式,加强协同创新,与研究所共建了1个国家实验室、3个大科学装置、1个国家重点实验室、3个国家工程(技术)研究中心、25个院省部级重点科研机构。在共建的22个联合实验室中,已有7个发展为国家级、省部级重点实验室。在中国科学院"率先行动"计划中先行一步,获准建设量子信息与量子科技前沿卓越创新中心、合肥大科学中心等平台。据统计,2008—2012年,与中科院相关研究所共同承担"973""863"、国家重大科学研究计划、ITER计划、基金委、中科院战略性先导科技专项等重点重大项目近100余项,科研合作项目获批经费总额达12.69亿元。在中科院"创新2020"战略的总体部署下,学校与相关研究院所共同承担了稳态强磁场、子午工程、托卡马克、LAMOST(大天区面积多目标光纤光谱天文望远镜)等一批国家大科学工程的建设和研制项目,为使我国科学技术水平在一些重要领域进入世界前列,提高国际竞争力、影响力,实现科技创新能力整体提升提供了有力支撑。

目前,有40多个研究所直接参与学校的

校党委书记许武主持合肥市与中国科大新一轮全面战略合作协议签署仪式

本科生培养，研究院所的院士、所长、专家共20余人兼任学校相关院、系的领导；每年与研究所联合培养研究生950多人、代培研究生800多人；每年有400多名专家来校做前沿学术讲座，开设本科、研究生专业课程30多门，及时把最新科技成就和科研前沿课题传授给学生。同时，每年有800多名中国科大本科生赴中科院研究院所和其他知名科研机构实践学习。校所双方还共同举办了一系列高水平的国际学术会议和学术论坛，不仅增进了在重大科研项目上的合作，也为及时了解国内外学科发展趋势搭建了平台。

中国科大与中科院研究院所共建院、系一览表

学院或系	共建研究院所	成立时间
系统生物学系	上海生命科学研究院	2005.06
医药生物技术系	广州生物医药与健康研究院	2006.12
核科学技术学院	合肥物质科学研究院	2009.01
计算机科学与技术学院	计算技术研究所、软件研究所、沈阳计算技术研究所	2009.05
光学与光学工程系	上海光学精密机械研究所、成都光电技术研究所、西安光学精密机械研究所、长春光学精密机械与物理研究所、安徽光学精密机械研究所	2009.12
数学科学学院	数学与系统科学研究院	2011.05
环境科学与光电技术学院	合肥物质科学研究院	2011.09
材料科学与工程学院	金属研究所	2015.09
热科学和能源工程系	广州能源研究所	2015.10
国家示范性微电子学院	长春光学精密机械与物理研究所	2016.01
天文与空间科学学院	紫金山天文台	2016.04
纳米技术与纳米仿生学院	苏州纳米技术与纳米仿生研究所	2016.05
应用化学与工程学院	长春应用化学研究所	2017.08

聘请中科院研究院所领导和专家兼任学校院系领导一览表

序号	姓名	所属单位和职务	我校聘任职务	聘任时间
1	洪茂椿	院士	化学系主任	2003.11
2	王利祥	中国科学院长春分院院长	高分子科学与工程系主任	2004.09
3	刘 钝	中国科学院自然科学史研究所原所长	人文与社会科学学院院长 科学史与科技考古系主任	2005.10
4	万元熙	中国科学院等离子体物理研究所原所长、院士	核科学技术学院院长	2008.12
5	欧阳钟灿	中国科学院理论物理研究所原所长、院士	物理学院院长	2009.04
6	李 灿	中国科学院大连化学物理所学位委员会主任、院士	化学与材料科学学院院长	2009.04
7	陈 颙	国家地震局原副局长、院士	地球和空间科学学院院长	2009.04
8	裴端卿	中国科学院广州生物医药与健康研究院院长	医药生物技术系主任	2009.12
9	马志明	中国科学院数学与系统科学研究院、院士	数学科学学院院长	2009.12
10	许祖彦	中国科学院理化技术研究所、院士	光学与光学工程系主任	2009.12
11	严 俊	中国科学院国家天文台台长	天文学系主任	2010.01
12	杜善义	院士、哈尔滨工业大学复合材料研究所所长	工程科学学院院长	2010.06
13	叶甜春	中国科学院微电子研究所所长	电子科学与技术系主任	2010.09
14	沈保根	中国科学院物理研究所研究员、院士	物理系主任	2012.04

续表

序号	姓名	所属单位和职务	我校聘任职务	聘任时间
15	吴以成	中国科学院理化技术研究所、院士	材料科学与工程系主任	2012.12.21
16	魏复盛	中国科学院生态环境研究中心博士生导师、中国环境监测总站研究员、中国工程院院士	环境科学与光电技术学院院长	2013.04.19
17	刘文清	安徽光学精密机械研究所所长、工程院院士	环境科学与光电技术学院执行院长	2007.09
18	杨 锐	中国科学院金属研究所所长	材料科学与工程学院院长	2008.01
19	杨学明	中国科学院大连化学物理所副所长、院士	化学物理系主任	2016.01.07
20	杨 辉	中国科学院苏州纳米技术与纳米仿生研究所所长	纳米技术与纳米仿生学院院长	2016.06.17
21	刘佩华	中国科学院苏州纳米技术与纳米仿生研究党委书记	纳米技术与纳米仿生学院常务副院长	2016.06.17
22	杨 戟	中国科学院紫金山天文台台长	天文与空间科学学院院长	2016.06.17
23	常 进	中国科学院紫金山天文台副台长	天文与空间科学学院常务副院长	2016.06.17
24	吴一戎	中国科学院电子学研究所所长、院士	信息科学技术学院院长	2016.06.19

2009年以来，中国科大与中国科学院数学与系统科学研究院、金属研究所、物理研究所、力学研究所、长春光学精密机械与物理研究所、上海应用物理研究所、生物物理研究所、上海生命科学研究院等院所签署协议，共同创办了数学、生命、物理、力学、化学、天文、地球和空间等7个基础科学类"科技英才班"和计算机与信息、材料科学、光机电、应用物理等4个高

技术类"科技英才班",旨在通过科教紧密结合的创新模式,培养科学与工程领域的高层次拔尖人才。

中国科大与中科院研究院所联合创办"科技英才班"一览表

	科技英才班名称	合作单位
基础科学类 7个	华罗庚数学科技英才班	数学与系统科学研究院
	贝时璋生命科技英才班	生物物理研究所、上海生命科学研究院
	严济慈物理科技英才班	物理研究所
	钱学森力学科技英才班	力学研究所
	卢嘉锡化学科技英才班	化学研究所、上海有机化学研究所
	王绶琯天文科技英才班	国家天文台、紫金山天文台、上海天文台
	赵九章现代地球和空间科技英才班	地质与地球物理研究所
高技术类 4个	计算机与信息科技英才班	计算技术研究所、电子学研究所
	师昌绪材料科学科技英才班	金属研究所
	王大珩光机电科技英才班	长春光学精密机械与物理研究所
	赵忠尧应用物理科技英才班	上海应用物理所

近年来,中国科大还成功实现与合肥物质科学研究院、沈阳金属研究所、南京分院相关研究所研究生教育的实质性融合,实现了研究生教育"统一招生、统一教学培养、统一管理、统一学位授予",及"导师、学科、平台"三位一体的深度融合。

"全院办校,所系结合"的办学方针焕发出新的强大生命力,形成了中国科大与研究所密切合作、相互支持、资源共享、优势互补的"所系结合"新模式。

"1860"何以被戏称为科大"恒数"?

原创校园歌曲
《破茧成蝶》

科大本科生为什么没有扩招?这与科大的办学定位有直接关系。科大的目标是为社会培养科技英才,自然需要为学生提供优越的教育资源,如果招生数量过大,超越了现有资源的容量极限,学生培养的质量自然也就难以保证。因此,科大自建校开始就有明确的指导思想——办学要靠发展内涵,不能靠规模创一流。

大学扩招,是近年来的一个热门话题。中国是世界上人口最多的国家,扩招使很多中国学生上大学不再是个难以实现的梦,这对提高国民整体素质无疑会带来深远而积极的影响。但是伴随着大规模扩招,优质教育资源被稀释,大学人才培养质量下降问题也成为社会关注的焦点。

而在这样一种时代背景下,中国科大却没有跟风盲从,而是坚守了自己的办学定位。在本科招生方面,1958年建校时首批招生1634人,"文革"结束后恢复招生每年800人左右,1990年代逐渐恢复到1600人左右,1999年以来始终稳定在1860人左右。"1860"因而被戏称为科大"恒数"。

科大本科生为什么没有扩招?这与科大的办学定位有直接关系。科大的目标是为社会培养科技英才,自然需要为学生提供优越的教育资源,比如师资、实验条件、科研实践机会等等。如果招生数量过大,超越了现有资源的容量极限,学生培养的质量自然也就难以保证。因此,科大自建校开始就有明确的指导思

包信和校长在毕业典礼上讲话

想——办学要靠发展内涵，不能靠规模创一流。也就是说，既不能用流水线模式批量培养学生，也不以科技成果的产出数量为追求目标，而是强调精品办学。

  基于"精英教育"的培养理念，中国科大始终坚持自己的人才培养目标和理念，将本科生招生规模稳定在1860左右，同时在"985工程""211工程""知识创新工程"等重点建设项目支持下，不断优化教育资源配置，突破流水线培养人才模式，实施个性化学习，学生可以自主选择学习课程、自主选择教师、自主选择学习进度、自主选择院系专业、自主选择修学年限，真正做到"我喜欢，我选择"，人才培养质量得到充分保证。

  据统计，中国科大建校以来培养的毕业生中，共有67人当选中国科学院、中国工程院院士，本科毕业生保持了每千人中产生1名院士和700多名硕士、博士的全国高校最高比例。据统计，截至2016年6月，中国科大校友中已有3人当选美国科学院院士、56人当选美国物理学会会士、47人当选IEEE会士，入选总数在全国高校中首屈一指。在历次"中国青年五四奖章""中国青年科学家奖""中国十大杰出青年"等评选中中国科大毕业生当选数,以及近年来入选国家引进海外杰出人才"千人计划"回国工作的中国科大毕业生人数,均居全国高校前茅。另据不完全统计,在海外、境外深造的2万多名科大毕业生中,已有1000多人担任海外、境外大学教授。2009年美国公布全世界前十名的化学家,其中仅有两名来自中国大陆的华人科学家——夏幼南、林文斌,他们都毕业于中国科大化学与材料科学学院;2011年,汤森路透发布2000—2010年全球顶尖一百位化学家榜单里,共有12位华人科学家入选,其中有6位毕业于中国科大化学与材料科学学院。

近年来,每年考取国内外研究生的比例保持在70%以上,其中获得国外大学全额奖学金出国留学的比例近30%。在国内直接参加就业的不到30%的本科毕业生中,有80%以上集中于北京、上海、江苏、浙江、广东等经济发达地区的国家重点科研院所、高新技术产业、大型跨国公司、政府机关等。他们因其基础宽厚扎实、计算机和外语水平高、消化吸收先进科技知识和开拓科技新领域的能力强、现代科技实验技能全面、具有强劲的发展潜力等,而深受用人单位青睐。

郭沫若广场

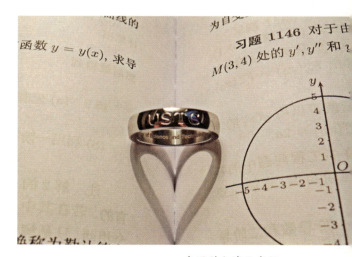

中国科大毕业戒指

2011—2016年中国科大校友获得国内外奖项与荣誉情况

国内奖项与荣誉			
奖项与荣誉	姓名	年级系别	年份
中国科学院院士	李亚栋	88硕	2011
	沈保根	7302	2011
	张肇西	5801	2011
	袁亚湘	82硕	2011
	鄂维南	7801	2011
	康 乐	87硕	2011
	潘建伟	8704	2011
	郑建华	84硕	2011
	杨秀荣	6303	2013
	赵政国	7704	2013
	张培震	79硕	2013
	谢 毅	94博	2013
	谢心澄	7704	2015
	陈晓非	7707	2015
	杜江峰	8504	2015
	景益鹏	84硕	2015
	陈仙辉	94博	2015
	庄小威	87少	2015
中国工程院院士	刘连元	6004	2011
	刘文清	7502	2013
	吴伟仁	7506	2015
	任辉启	88硕	2015

续表

国内奖项与荣誉			
奖项与荣誉	姓名	年级系列	年份
自然科学一等奖	赵忠贤	592	2013
	陈仙辉	94博	2013
	王楠林	8902博	2013
	闻海虎	85代培	2013
	潘建伟	874	2015
	彭承志	934	2015
	陈宇翱	9800	2015
	陆朝阳	0002	2015
	陈增兵	907	2015
何梁何利科学与技术成就奖	潘建伟	874	2013
	赵忠贤	592	2014
何梁何利科学与技术进步奖	康乐	87硕	2011
	李献华	797	2011
	吴伟仁	756	2013
	沈保根	732	2013
	赵政国	774	2014
	袁亚湘	82硕	2016
	李建刚	在职教授	2016
	刘文清	752	2016
国家最高科学技术奖	赵忠贤	592	2016

续表

国外奖项与荣誉			
奖项与荣誉	姓名	年级系别	年份
美国科学院院士	骆利群	81少	2012
	庄小威	87少	2012
	杨培东	8812	2016
美国物理学会会士 （APS Fellow）	杨金龙	8814博	2011
	顾根大	博士后	2011
	赵政国	774	2012
	王善祥	812	2012
	熊 鹏	822	2012
	王鸿飞	833	2012
	庄小威	87少	2012
	李育人	9014	2012
	王楠林	892博	2012
	齐 飞	913硕	2012
	李 强	812	2013
	陈 杨	834	2013
	潘建伟	874	2013
	浦 晗	88少	2013
	闻海虎	博士代培	2013
	盛政明	硕士代培	2013
	胡素兴	93代培	2013
	严以京	在职教授	2013

续表

国外奖项与荣誉			
奖项与荣誉	姓名	年级系别	年份
美国物理学会会士（APS Fellow）	王才壮	772	2014
	毛志强	8702硕	2014
	柏 梅	8924硕	2014
	李 巨	90少	2014
	苏淑芳	9000	2014
	秦 宏	在职教授	2014
	何小刚	774	2015
	张卓敏	785	2015
	吴小华	815	2015
	陈志刚	85硕	2015
	平 源	904	2015
	陈候通	9302	2015
	申猛燕	90届博	2015
	封东来	904	2016
	王学斌	833	2016
电气和电子工程师协会会士（IEEE Fellow）	李 鹏	807	2011
	李学龙	946	2011
	贾小华	796	2012
	谢 伟	854	2012
	田 智	8910	2012

续表

国外奖项与荣誉			
奖项与荣誉	姓名	年级系列	年份
电气和电子工程师协会会士（IEEE Fellow）	江习承	864	2013
	周胜利	916	2013
	江 宏	816	2014
	陶大程	976	2014
	许立达	78届	2015
	胡 禹	84少	2015
	曾大军	85少/8516	2015
	吕松武	859	2015
	徐晨阳	8811	2015
	陈世刚	8811	2015
	吕晨阳	9000/9011	2015
	王正道	916	2015
	焦 丹	9606博	2015
	李 欣	916	2016
	刘 勇	8910	2016
美国数学学会会士（AMS Fellow）	舒其望	771	2012
	李岩岩	771	2012
	鄂维南	781	2012
	袁亚湘	82硕	2012
	陈秀雄	821	2014

续表

国外奖项与荣誉			
奖项与荣誉	姓名	年级系列	年份
美国科学促进会会士（AAAS Fellow）	管俊林	78少	2011
	骆利群	81少	2011
	程临钊	808	2012
	罗坤忻	828	2012
	冯新华	86届（北京）	2012
	庄小威	87少	2012
	李朝军	88届（北京）	2012
	任 兵	878	2013
	何 川	8912	2014
	李学龙	946	2016
	朱力行	82硕	2016
	朱文武	88届（北京）	2016
杰出青年创新人物（TR35）	王 正	9502	2012
	余桂华	9819	2014
	陈云霁	97少	2015

百分百自主选择专业是怎样做到的？

中国科大让学生在校期间有多次自主选择专业的机会，现在更是做到了百分之百自主选择专业，这在高考录取模式暂时还无法实现更为科学的改革前提下，无疑是一种值得充分肯定的制度设计。

2013年5月，一则关于"中国科大本科生百分之百自主选择专业"的新闻在社会上引起强烈反响。报道说，"中国科大本科生在校期间不仅有三次自主选择专业的机会，而且学校百分之百满足学生选择专业的需求。这在国内高校中开了先

东区金寨路大门

河。"5月14日的《人民日报》在题为《创下国内高校自选专业的最大尺度：百分百满足》的报道中说，"这一不少高校眼里'不可能完成的任务'，中科大却首尝螃蟹、冲锋在前。勇气可嘉，缘何而起；底气十足，来自哪里？"

10年实现100%

让众多中国科大学生受益的这项以学生兴趣为导向、自主选择专业的举措，是2002年开始在全校普及的。源于少年班教学改革创举的这个规定，使科大学生在校期间拥有三次自主选专业的机会：入学一年后，根据自己的兴趣在全校范围内选择学院或学科类；大二结束后可在学院或学科内选择专业；三年级后还可以进行专业调整或按个性化修课计划学习。

创新型人才的培养，重要的是呵护、引导、提升学生的兴趣、爱好、好奇心和求知欲，因此自主选择专业也是国际一流名校的通行做法。中国科大校方认为，很多学生由于高考填报志愿时对学校、专业不太了解，或受家长、社会的影响，不能恰当地填报专业，所以很有必要在大学期间帮助他们逐步发现自己的兴趣和潜能，给他们机会重新选择最适合的专业。这件事看似小事，但对学生今后的学习和发展很重要，也是拔尖人才培养的内在要求。

三次机会，虽然基本可以让有意选择专业的学生得其所愿，但由于双向选择以及教学资源的结构性限制，总还会有或多或少的学生难以如愿。因此从2012年开始，学校又出台新政，对申请转专业未被接收的学生，可以在学籍不变的情况下，由学业指导专家为其制定"个性化"培养方案，学生修读完认定课程、达到要求，即按该专业毕业，不受学生原学籍所在学科或专业限制，从而百分之百地满足了学生自主选择专业的需求。

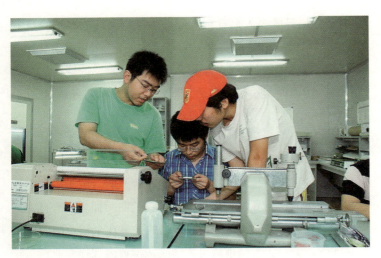

少年班学院学生在做实验

100%适合学生

刚进大学发现学"错"了专业，可能是因为高考后填报专业的懵懂，但拥有了自主选择的权利和机会，也未必就没有迷惘，不会犯错了。为了让学生能够真正做出清晰而理性的选择，每到大一、大二下学期快结束的时候，中国科大各院系纷纷以专题报告等形式向学生介绍专业，各个院系都安排老师"坐班"，随时接受学生的咨询。而2011年实行三学期制后，各院系利用夏季学期，开设专业宣讲类课程，集中进行专业介绍，并组织感兴趣的同学深入实验室和科研项目实地考察，旨在了解学生的想法、兴趣以及基础是否适合等。学校还专门成立了大学生学业指导中心，学业指导专家都是具有较强的科研背景和丰富教学经验的老师。中心的主要职责是对学业发展上有不同层次需要的同学给予专门指导，包括学业规划、学业困惑、专业选择等。在专业选择指导方面，为转专业、跨学科交叉学习的学生进行专业方向指导，帮助他们做出合适的选择，指导他们选课和制定个性化学习计划。

100%畅通无阻

"专"是专业的基本特征,如果不能顺利克服专业之间的差异,100%自主选择就只能是一个概念。为了"打通"课程壁垒,中国科大花费了近十年的努力,光是最新的一轮按照知识结构分层重构课程体系,就用了三年多时间。

从2009年起,中国科大调研国内外著名大学的课程设置,全面修订本科培养方案,按照知识结构分层重构课程体系,新的体系分通修课程、学科群基础课程、专业核心课程、专业方向课程四个层次。而在排课安排上,各学院内部前两年的课程基本一致,只排通修课程与学科群基础课;专业核心课从第三学年开始排课,专业方向课从第三学年下学期开始排课。全校低年级(一、二年级)课程基本一致,学生转到另一学院时,只要补上三四门课,就能跟上新专业的学习进度。

100%的自主选择,会不会因为冷热不均而冲击校内的正常专业设置与教学秩序呢?2012年"新政"伊始,确有个别院系遇到"逃兵"多而"投奔者"少的尴尬,但这些反成为所在院系加强学科建设和专业推介的

学生上课

动力。从多年的统计结果看，中国科大每年提出转专业的占每届学生总数的10%左右，而各专业转入转出人数基本持平。学校认为，转专业需要足够的教育资源做保障。中国科大本科生招生规模始终控制在每年1860人左右，专任教师却超过1500名，本科生与专任教师比约为5∶1。而专任教师中，两院院士、"千人计划""长江学者""国家杰青"等高端人才占29%以上，学校有充足的师资力量为每个有个性化需求的学生制定学习方案。

教育专家指出，中国科大多年来不断创造条件、完善措施，让学生在校学习期间有多次自主选择专业的机会，现在更是做到了百分之百自主选择专业，这在高考录取模式暂时还无法实现更为科学的改革前提下，无疑是一种值得充分肯定的制度设计。目前看来虽然这在中国高校还是个孤例，但它代表着创新人才培养的一个方向，因此具有标杆意义，诚愿越来越多的中国高校能够迅速跟进，迈出创新型人才培养的新步伐。

原创校园歌曲
《自由星空》

"斧背要厚，斧刃要尖"——教授上基础课是传统

中国科大创建之初就十分重视基础课教学。郭沫若校长曾对基础与专业的辩证关系打过一个形象的比喻："好比一把斧头，基础是斧背，专业是斧刃。斧背要厚，斧刃要尖，这样的斧头才会锋利无比。"

2015年5月，由校研究生会、学生会组织的第二届"瀚海航塔——我最喜爱的老师"评选结果揭晓，年届八旬的全国教学名师、数学科学学院史济怀教授再次当选。他在接受学生记者采访时表示，"我一辈子没有别的爱好，就喜欢研究数学，喜欢给学生讲课，尤其是给爱学习的科大学生讲课。给科大学生讲课，是一种享受。"从1958年毕业分配到中国科大以来，史济怀教授在本科生基础课讲台上一站就是57年，其间他先后担任数学系副主任、研究生院副院长、教务长、副校长、研究生院院长等行政职务，但除了担任副校长职务期间只上研究生课以外，其余时间他从未下过本科生讲台，一直在给科大历届新生上最基础的"数学分析"课。

像史济怀这样几十年如一日为本科生上课

东区图书馆

瀚海航塔——我最喜欢的老师颁奖典礼（右一为史济怀老师）

的教授，在中国科大十分常见，因为教授给本科生上课尤其是基础课是科大的优良传统。目前，为本科生上课的教授和副教授的比例达70%以上，上基础课的比例达50%左右。

早在1958年中国科大创建之初，就十分重视基础课教学。郭沫若校长曾对基础与专业的辩证关系打过一个形象的比喻："好比一把斧头，基础是斧背，专业是斧刃。斧背要厚，斧刃要尖，这样的斧头才会锋利无比。"当时，中科院的一批著名科学家到科大担任各系主任，亲自给本科生上课，非常重视学生的基础训练。据早期毕业生回忆，当时高等数学授课老师有华罗庚、张宗燧、吴文俊、张素诚、关肇直等著名数学家。华罗庚、关肇直、吴文俊被称为科大数学系"三龙"，分别给应用数学系三个不同年级的学生上基础课，"三龙"并舞，一时传为佳话。普通物理课的任课教师也都是"重量级"人物，如吴有训、严济慈、钱临照、张文裕等。严济慈先生给8个系500多名学生讲授电磁学和电动力学，每周讲授3次，连续讲授6年。

这种特别重视基础课教学、越是名家越要上基础课的传统，一直沿袭到今天。如今，科大学生入学后，全部进行通识类基础课程强化训练，二年级重新选择学院后进入学科群基础课程学习，三年级时在学院内自主选择专业，进入专业课程学习。为此，学校按通识课程、学科群基础课程、专业课程和集中实践课程几个模块设置课程体系、组织教学。在必修课中，通识课和学科群基础课一般要占总学分的70%以上，尤其是对数学、物理、英语、信息技术等重要基础课程，实行全校非主修专业统一教学。学校规定，教授、副教授必须讲本科生课程，重要基础课和骨干课程必须由教授承担。因此，一大批教学经验丰富、学术水平高的教授长期耕耘在本科教学讲台。

为营造重视基础课教学的良好氛围，中国科大制定多种措施鼓励优秀教授上基础课。2006年，学校设立了"困学守望"教学奖，专门奖励基础课教学优秀的教师，涉及数学、物理等20多门基础课程。2008年，学校在数学、物理等学科设立了课程讲座教授（即责任教授），以建立一支高水平师资队伍为目的，确保基础课教学质量。与此相配套，学校还设立"主讲教授"岗，每门课选聘2—3名中青年教授，协助讲座教授开展教学工作。比如，在中国科大物理学院，多门基础课程都是由教授"组团"来上的，学院建立了13个课程组，其中10个是物理学科基础课课程组，面向全校学生展开物理本科基础课教学，每个课程组都由20—40位老师组成强大的教学团队。仅"电磁学"课程组就有教授14人、副教授15人，课程组编写了近10本课程教材和参考书。

中国科大宽厚扎实的数理基础课程教学，使各专业学生受到严格的逻辑思维训练。特别是工科学生具有深厚的数理背景，经管文史类学生具有很好的科学素质，使他们在今后的工作中有可能厚积薄发，更加具有创造力。这正是中国科

校史馆

大本科教学的最大特色和传统,也是毕业生在国内外获得广泛赞誉的重要原因之一。据悉,世界一流大学招收研究生时,对传统的高质量生源高校会给予加分。中国科大是国内屈指可数的享受加分待遇的几所学校之一,原因之一就是中国科大学生具备基础宽厚的优良素质。多年来,本科毕业生中有70%—80%的学生被国内外大学录取为研究生。

初速度与加速度

曾有人研究后得出结论:中国大学培养的高材生,毕业后改行比较多,是一种教育浪费。其实,这是一个荒谬的结论。大学不是职业学校,不是主要学一门赖以糊口谋生的手艺,而是要打好基础,要学会学习,训练思维方法,使得今后可以做到厚积薄发,可以适应不断变化的社会领域对人的素质要求。

中科院院士吴奇先生说,在中国科大读书时,老师常说,科大学生需要的是加速度,而不是初速度。如果上很多专业课的话,初速度比较大,毕业后正好做这一行,上升就很快,但后劲却不大。而科大的专业课比较少,可能做某个行业时,起初觉得专业知识不够,可因为基础比较宽厚扎实,会很快赶上去。所以,吴奇总是和他的学生说:"你们不是来学某个专业的,而是通过读这个专业来学习读书的方法。要尽量把基础打扎实,不要想这样读有没有用。"

确实,谁都难以保证一个人毕业后找的第一份工作可以一直做到老,做到退休,而不改变。也就是说,大学里学到的知识,不可能够吃一辈子的。人需要不断学习新的知识,才能适应社会发展的需要,这些知识主要是技术性的,而基础的理论知识,则往往要靠大学期间的集中积累。真的要等年纪大了,再去打"童子功",为时已晚。

科大的毕业生里,"背叛"本专业的人很多,在新的领域做出出色成就的也很多。没有别的原因,就是因为科大的基础宽厚扎实,并且强调学习方法和思维方法的训练,带给学生的是"加速度",而非"初速度"。这恰恰是令人一辈子受益的。

从实验到实践

"科学与技术相结合,教学与科研相结合,理论与实践相结合"是中国科大人才培养的重要理念和优良传统。这个理念的要义在于,要培养创新型人才,必须做到厚积薄发。即在宽厚扎实的理论基础之上,通过系统的实验教学和科研实践,来培养学生的科学创新素养和能力。

由易到难的多层次实验课程体系

"大学物理实验"是中国科大所有本科生的必修课程,其水准在国内处于标杆地位,对学生的创新意识和动手能力培养,起到了重要作用。

学生在教学实验中心做实验

微尺度物质科学国家实验室

  中国科大物理实验教学中心是首批国家级物理实验教学示范中心,经过多年探索,他们打破原来按照力学—热学—电学—光学等顺序安排的课程体系,重新梳理内容,由易到难,构建了以能力培养为核心的多层次、研究性实验教学体系,即"基础实验—综合性设计性实验—现代物理实验技术—研究性实验—专业基础实验—专业实验"。低年级的实验课以激发学生学习兴趣和训练基本实验技能为目的;高年级课程则以全方位的科研素养训练或自主实验为主,激发学生的创造力,提升其综合素质,实现个性化培养目标。

  其中,作为科研能力培养的重要课程"研究性实验"(四级),让学生处于主导地位,三四人一组,从查阅文献、提出实验课题、准备实验设备条件、设计实验方案,到做实验、撰写论文以及答辩等,都由学生自主完成,实验教学中心负责提供相关的实验仪器和指导教师。目前每年约有600名与物理相关的不同学院的学生参加,选题完全开放。为保证实验教学内容的先进性,激发学生的科研兴趣,教师还紧密结合科研前沿,及时将最新的科研成果、研究方法转化为教学实验,每年更新的内容约8%。

和物理实验教学中心一样，中国科大化学实验教学中心、生命科学实验教学中心、工程科学实验教学中心、信息科学实验教学中心、地球和空间科学实验教学中心等均形成了一套从基础实验到高级综合实验、再到完全自主的创新性实验的实验教学体系，为学生创新能力培养搭建了扎实的阶梯。目前全校共开设1860多个实验项目，其中必修实验项目近1250个，开出率达100%。另有近650个综合性、设计性实验项目供学生选做。

大研计划：课外科研"大练兵"

在中国科大，本科生一、二年级打牢基础后，课余时间进实验室参与老师的课题进行科研训练，是一直以来的传统，而从2000年开始在全国高校中率先实施的"大学生研究计划"更使学生大面积受益。

中国科大大学生研究计划支持本科生在完成3个学期的学业后，利用一个完整的暑期或一学年的业余时间，完成老师交给的一项科研任务，或参与教师的科研项目，或完成学生自己提出的一个科研课题，通过累积200个小时以上的工作，达到预期目标，可以获得2—4个学分。在此期间，学生要撰写申请和研究计划书，在导师指导下进行研究，并参加导师课题组的各类活动，撰写工作进度报告和总结报告，最后在一定范围内举行答辩会并进行全院评优。据统计，目前每年实施的大学生研究计划项目近700项，每届本科生约有45%的同学参加了该项计划项目，通过大学生研究计划项目的实施，大学生发表论文的数量显著增加，每年参加大学生研究计划的学生平均发表学术论文的比例约为15%。

作为隶属于中科院的大学，中国科大充分发挥"所系结合"的优势，大学生做大研计划、毕业论文、实习等，可以选择在校内，也可到研究所在一线科学家指导下进行科研训练，平均每年到研究所开展研究实习、实践的学生超过700人次。

为了保障大学生研究计划的实施，中国科大投入大量专项建设经费，不断强化实验教学中心建设，还建设了专门的"创新基地""金工实习基地"，投入大量专项建设经费，充分满足实验室在时间、范围、内容等方面的开放要求，做到了教学时段内全天候开放。学校的科研（专业）实验室也面向本科生开放，供全校本科生参与"大学生研究计划"或参与教师的科研活动。

"大学生研究计划"可以让本科生尽早参与科研，体验科技创新过程，培养创新意识、独立工作能力和团队精神，这是对人才培养、尤其是研究创新人才的培养模式的重要改革。因此，虽然每年只有45%的学生可以申请到该计划，但实际参加的人数往往多出许多，因为谁也不愿意失去这个锻炼自己的机会，哪怕没"名"没"分（学分）"。

西区也西湖

与此同时,中国科大还特别重视通过举办或组织参加国内外各类课外学术竞赛活动,来锻炼学生的创新能力。机器人活动周、软件设计大赛、网页制作竞赛、创意设计大赛、数学建模、程序设计竞赛等丰富多彩的课外科技创新活动,激发了学生开展科技创新的热情,培养了大学生在生活中注意观察、推陈出新的创新思维。在"挑战杯"全国大学生课外学术科技竞赛、全国大学生数学建模比赛等众多国内外赛事中,中国科大代表队也屡获佳绩。

其中,尤为引人注目的是,中国科大蓝鹰机器人团队自2000年成为我国历史上第一支进入机器人世界杯的团队以来,迄今已获得12项世界冠军和12项亚军,是本领域的领头羊之一。团队成员虽然是以研究生为主,但他们大多数在本科期间就参与了实验室研究。计算机学院机器人实验室从20世纪90年代末就开始选拔培养机器人方面的人才,他们首先面向本科生开设"机器人研讨班"课程,以研讨和上机实践为主要教学手段,培养学生的动手能力和创新精神。课程结束后,有兴趣的同学可以申请进入实验室继续学习。经过一段时间的考察，从中挑选能够承担比赛任务的同学，分配具体课题，开展研究工作。这些年来，进入机器人实验室的本科生70%以上获得保研资格，截至2014年底已培养了50多名博士和硕士，还有20多名研究生和10多名本科生正在培养阶段。其中，作为竞赛核心骨干的优秀博士生，绝大多数是本科二年级就进入实验室学习的同学。

而在由美国麻省理工学院主办的合成生物学领域顶级国际大学生学术竞赛——iGEM（国际遗传工程机器竞赛）中，

原创动漫电影《牛转乾坤》

中国科大蓝鹰机器人团队在机器人世界杯上夺冠

机器人佳佳

中国科大 iGEM 队参加 2015 届比赛

中国科大自2007年组队参赛以来,共获得12金、1银、1铜和3项单项奖,是国内参赛高校中成绩最好的。学校每年组织两支队伍参加iGEM,湿队(实验队)主要由生命学院本科生组成,干队(软件队)队员来自全校不同学院。从队员招募、阅读文献、确定选题,到设计方案、做实验、准备答辩等,都由学生独立自主完成,实验中心提供实验仪器设备、实验耗材和相关指导,其目的就是通过竞赛的方式,培养学生的科学思维、创新能力和团队协作精神。

科技英才班：求解"钱学森之问"

中国科大科技英才班包括数学、物理、化学、生命、力学等7个基础科学类英才班，和计算机与信息、材料等4个高技术英才班，分别以曾在中国科大任教的华罗庚、严济慈、钱学森等著名科学家命名。

"为什么我们的学校总是培养不出杰出人才？""钱学森之问"让教育界反思，也给他曾长期工作过的中国科大提出了新的课题。

为了探索拔尖人才培养新模式、造就我国科学与工程领

校风碑

域的创新领军人才,自2009年3月以来,中国科大与中科院有关研究院所先后联合创办了11个科技英才班,重点培养有潜力的优秀本科人才。

学生表现:95%毕业生赴国内外深造

中国科大科技英才班包括数学、物理、化学、生命、力学等七个基础科学类英才班,和计算机与信息、材料等四个高技术英才班,分别以曾在中国科大任教的华罗庚、严济慈、钱学森等著名科学家冠名。其中,华罗庚数学科技英才班等五个基础学科英才班入选国家"基础学科拔尖学生培养试验计划"。在教育部组织的"拔尖计划"阶段性总结评价中,中国科大位列全国第二,总体评价为:"实施情况良好,改革成效显著"。

截至2015年9月,这些英才班共培养学生2502人,已毕业1156人,在读1324人。已毕业学生中有1098人当年继续深造,读研率约为95%(全校平均为75%)。其中,出国读研473人(包括麻省理工学院、耶鲁大学、加州理工大学、斯坦福大学、巴黎高师等国际一流名校),保送到国内著名科研院所和高校读研625人。经过严格系统的科学训练,英才班的一些同学已在科学研究中崭露头角。比如,卢嘉锡英才班2010级学生近一年来在国际学术期刊发表论文15篇,其中第一作者4篇,第二作者5篇。

英才班的学生"动手"能力也很强。国际遗传工程机器大赛是一项国际合成生物学领域的顶级大学生科技赛事,每年都吸引全世界众多顶尖大学生参加,竞争异常激烈。在美国麻省理工学院举办的2012年国际遗传工程机器大赛总决赛中,由严济慈科技英才班2009级学生康恺任队长、陈锴沣任副队长的中国科大代表队,获得本次比赛软件组的最高奖项——最佳软件项目奖。

模式探索：科教结合、理实结合、所系结合

在中国科大科技英才班，本科高年级学生在国际权威学术期刊上发表第一作者论文并不鲜见，这正是科技英才班"三结合、两段式、长周期、国际化、个性化"的培养模式结出的硕果。这种培养模式的核心是"三结合"："科教结合"，给学生接触科学研究前沿的机会；"理实结合"（理论与实践结合），提升学生的原始创新能力；"所系结合"（院系与研究所结合），优化学生全过程的成长条件。

与"三结合"相适应，英才班学生四年接受的是"两段式"培养：第一阶段为基础教育，在中国科大校内进行，打下坚实的数理基础；第二阶段是专业教育，由中国科大和中科院相关研究院所联合完成。例如，华罗庚班的学生前三年在中国科大学习，在此期间由中科院数学与系统科学研究院选派院士、研究员承担部分高年级课程教学、开设专题报告和暑假短期课程，或安排学生暑假到研究院参加专题讨论班和科研活动。第四学年，学生到数学与系统科学研究院学习，以研究性学习为主。除了可以选修专为华罗庚班开设的

"王大珩科技英才班"学生代表赴酒泉卫星发射中心开展实践活动

课程外，还可以在科学家的指导下，参加研讨班，接受科研训练，完成毕业论文。"三结合"不仅充分利用了中科院的优质科研资源，也让有志于科研的本科生适时接受到正规的科学训练，点燃了他们的创新梦想。

教学改革：借鉴国际名校经验，优化课程体系

中国科大各英才班以课程建设为核心，调研借鉴欧美一流名校的经验，结合学校"注重基础，强化交叉，突出前沿"的培养特色，推进教学内容和教学方法改革，构建新的、适合拔尖创新人才成长的课程体系。

其中卢嘉锡化学科技英才班的课程体系颇有代表性。学院组织中科院和校内20多位专家教授，全面研究剑桥大学的化学基础课程，结合中国科大的特点，采用切块、重组的方法，将这些知识点重新分类，形成模块，确定各模块的教学内容、学时、教学周及任课教师，由此组成新的基础化学教学体系。新体系在保持学校"基础宽厚"特色的基础上，课程学时数一般压缩到20—40个学时。课程模块化后，挑选对相关教学内容有深入研究的科研型教师授课，他们根据自己积累的科研实践背景进行取舍，把最核心的内容重点传授给学生。

严济慈班的课程体系虽然没有大的变动，但是对教学模式进行了大胆改革。与普通班级相比，严济慈班课程更有深度，也更有广度，但内容上并不求面面俱到。在强调基础的同时，教师更鼓励学生进行自主探索、研究性学习。为此，他们探索出三种教学模式：一是大小班结合模式，即严济慈班学生与其他班一起大班上课，另外为严济慈班配备专门教师，负责课程专题讨论和研究性学习；二是小班双教师模式，配备两名教师，小班讲授、讨论和研究性学习；三是小班单教师加主辅导模式，小班讲授，重点辅导。这三种教学

参加海外暑期研究实习的科大学生与澳大利亚西澳大学诺贝尔奖得主 Barry Marshall 合影

模式可谓因材施教，最大限度实现教育的个性化。

独特做法：每个本科生有机会到国外一流大学研修

在本科期间到国外一流大学短期研修，是中国科大科技英才班学生的重要"福利"。学校给英才班学生创造了人人都可出国交流的机会，费用主要由学校承担。这不仅能提升学生的科研能力，还有助于提高其外语水平，为将来的深造打下基础。

此外，各英才班还利用夏季小学期，引入国内外优质教学资源，开设前沿课程。如贝时璋英才班暑期课程"生命科学大讲堂"每年聘请5—6名某个领域的国际专家来校授课，他们为学生带来了最新的研究进展，开阔了学生的视野，提高了学生的科研兴趣。

研究生培养：变"撑杆跳"为"跨栏跑"

中国科大在研究生培养中，把"撑杆跳"变成"跨栏跑"，不让学生到临近毕业时望杆兴叹，而是把最终的质量目标要求分解为一个个质量环节要求，并为学生的每一次跨栏提供支持与动力，从而形成全程质量保障体系。

当2013年的诺贝尔物理学奖花落研究"上帝粒子"多年的恩格勒和希格斯时，很多人并不知道，在发现这一粒子的过程中，12名中国科

东区现代艺术中心

大研究生参与其中并做出贡献。2011年，中美印三国科学家"烹制"宇宙大爆炸"夸克汤"荣膺世界物理学十大进展之一，确定从普通物质到夸克物质的相变温度的，也是中国科大的博士生，名叫罗晓峰。

在国际顶尖科研舞台"亮剑"，对很多中国科大研究生来说并不陌生：研究生与导师合作完成的重大成果数次入选"世界科技十大进展""国内十大科技进展""中国高校十大科技进展"……仅在2015年，博士生发表论文中，SCI论文占比72%，共有16篇论文发表在《Science》《Nature》及其子刊上，超过了2013年与2014年的总和。在校研究生在科研创新上取得的成绩，从侧面凸显了中国科大培养创新型研究生的高质量。

激活优势学科与平台的集群优势

学科建设是研究生教育的一项基础性工作，学科点是汇聚导师、实施人才培养的重要平台，为培养高层次创新人才提供了肥沃土壤。正是在学科点这片"土壤"上，一场大刀阔斧的改革已经悄然进行。

科技传播、企业管理、行政管理、金融经济学、产业经济学……在中国科大攻读这些科学学位的研究生，如今已经没有了师弟师妹。这是因为只有二级学科授权的学位点才可以招收科学学位研究生，这在中国科大已经成为历史。在国家加大学位授予点审批权限下放的背景下，中国科大充分利用获得自主审核一级学科博士点的机遇，对原有的学位授予点结构和规模进行调整：在科学学位方面，原先只有二级学科授权的学位点不再单独招生，按照"优势、特色、扶强"原则，研究生招生、培养工作全部按照一级学科标准进行；对于以前没有取得一级学科博士学位授权的学科点，一律停止招收研究生。

学科点全面调整后，原有100多个二级学科点招收的研究生,如今只在27个一级学科授权点开展硕士与博士研究生的招生、培养与学位授予工作。这种变化不仅体现在招生环节,学校还形成了以一级学科为主体的人才培养体系,课程体系和出口标准都按照一级学科进行整体调整。比如物理学院,按照原来的培养方案,物理学有10个二级学科,各学科在制定课程体系上各自为政。而如今,整个物理学院的课程体系整合到一个盘子里,核心基础课加大难度,知识深度与宽度合理设计,前沿课程重点打造。这样把课程打通设计,列出课程的整体菜单,供全院学生选择,导师可以按照学生不同的学术背景进行更开放、灵活的选择,不仅有利于学科交叉,也使更多学生得到优势学科的培养,整合了优质资源。学科结构调整后,中国科大的学科力量得到了凝聚和整合,优势学科的竞争力进一步提高,基础学科的集群优势更加明显。

中国科大激活集群优势还体现在整合平台上,其拥有的大科学平台为人才培养的土壤注入了"独特"养分。中国科大不仅拥有国家同步辐射实验室、合肥微尺度物质科学

晨读

国家实验室，还与中科院合肥物质科学研究院全超导托卡马克（EAST）、强磁场中心这两个大科学装置上有深入合作。这在中国高校中是唯一的，在世界范围也不多见。

所谓大科学装置，是国家为解决重大科技前沿、国家战略需求中的战略性、基础性和前瞻性科技问题，通过较大规模投入和工程建设来完成的大型设施。在实力雄厚的国家实验室平台支持下，中国科大得以凭借强强联合的方式，在"所系结合"的基础上，实现与科研院所在合作体制上的创新。目前，学校共有2个国家实验室、2个重大科技基础设施、7个国家级科研机构、17个中科院重点科研机构和54个省市及所系联合实验室，还建有七大公共实验中心，这些都为研究生培养提供了强有力的平台支撑。依托顶尖平台，在历年全国百篇优博论文评选中，中国科大共有45篇论文入选，入选率为全国高校第一。其中理学学科40篇，理学优博论文总数占全国获奖数的9.2%，居全国高校第一。

打造变"撑杆跳"为"跨栏跑"的保障体系

近年来，"生源质量不高，过程管理放羊，临近毕业紧张"是一些高校研究生培养的硬伤。基础研究类创新人才适合长周期培养，构建从入口到出口的全程质量保障体系具有重要意义。中国科大在研究生培养中，把"撑杆跳"变成"跨栏跑"，不让学生到临近毕业时望杆兴叹，而是把最终的质量目标要求分解为一个个质量环节要求，并为学生的每一次跨栏提供支持与动力，从而形成全程质量保障体系。通过这一过程，使学校、导师、学生在权利与责任上实现更加科学的平衡。

这一保障体系的起点是入口。对于研究生的生源质量，中国科大有这样的现实诉求：基础研究类创新人才适合长周期硕博贯通的培养模式，学校加大了招收外校优秀推免生

微尺度物质科学国家实验室

科学岛上的超导托卡马克装置

的力度。2009年开始，学校抛掉"酒香不怕巷子深"的优越感，众多大牌教授也不再坐等学生报考，而是在研究生院的组织下主动出击，在招生上迈开了"走出去，请进来，再走出去"的步伐。每年都有数百位教授参加"研招宣讲团""科学家报告团"等，与学生开展面对面交流。同时，学校还每年举办10多个暑期夏令营，吸引了众多各地优秀学子前来参加。新的招生战略适应学校长周期人才培养模式的需要，对于提高研究生生源质量起到了重要作用。

不仅在入口上提高质量，中国科大还在出口上"筑高堤坝"。2010年，学校开展全面的学位标准修订工作，研究生院负责设立"校标"。"校标"的升级主要体现在两个关键能力上，一是创造性独立开展科研工作的能力，二是国际学术交流能力。"校标"仅是全校的"最低值"，每个学院可以根据实际情况制定"院标"，"院标"绝大部分高于"校标"。以微尺度物质科学国家实验室为例，以前要求博士毕业需至少发表两篇SCI论文，而新的标准要求至少有一篇论文发表在SCI二区及以上的杂志。

除了在终点等待学生的"校标"与"院标"，在研究生学习的全过程中，也有道道"关卡"，仿若跨栏跑道上的一个个栏杆。目前，中国科大试行博士生资格考试和资格审查制度，对于进入博士阶段的学生进行六个方面的质量控制，学校每年开展学业进展考核，建立博士生培养择优分流的机制，把质量控制由单一节点转向多环节。提高标准与加强过程监控并不是为了卡学生，而是为了提高研究生培养质量。除了促使学生自身更加努力，更是要求学校和导师为学生的"跨栏"提供动力。为此，中国科大构建了以创新能力培养为核心的课程体系，不仅压缩课程数量，突出核心，提高难度，突出交叉，而且树立起了国际标杆。理科标杆选择了麻省理工、加州理工、普林斯顿三所美国高校，工科标杆瞄准了欧洲的慕尼黑高工、苏黎世高工等。

实现从被动管理到主动服务的角色转变

每个学生都打上导师的"烙印",这是中国科大人对"导师是研究生培养第一责任人"的践行。中国科大的导师阵容可谓星光熠熠:截至2016年上半年,共有两院院士48人,国家"万人计划"入选者19人,国家"千人计划"入选者44人,长江学者49人,国家杰青106人,国家青年拔尖人才计划13人,"青年千人计划"入选者(前八批)160人,"国家优青"57人,中科院百人计划155人,各类高层次人才约占学校师资力量的30%。

为了激发这些"名导"的积极性,近年来,校研究生院改变角色定位,以服务者的姿态出现在师生面前,彻底改变了很多高校对导师放权不足,研究生管理部门直接、深度介入研究生培养的现象。目前各学院都成立了研究生部,学校

毕业啦

赋予其在招生宣传、复试面试、导师遴选、经费使用等方面的实质性权力。在学科层面，具体的研究生招生、学籍管理、培养方案修订、教学管理及学位论文答辩等工作由学科点负责实施。而研究生院的工作重心被重新定位为宏观调控与服务，如进行学科结构调整、搭建创新平台、学位质量监控等。

这种"服务者"的意识在学校"信息高速公路"上得以更充分地显现。中国科大的研究生导师，只要打开学校的信息化管理系统，就可迅速得知所指导学生的学位论文重复率，并了解所在学科的论文影响因子平均值，比较学生论文与平均值间的差异。这个信息化管理系统，就是中国科大近年来打造的一条信息高速公路，其"路政管理者"正是研究生院。为了尽可能减少非学术事务对导师、研究生的干扰，通过信息化手段对研究生培养的全过程进行监控与服务，学校将管理从有形向无形转变，从2006年开始，搭建一整套信息化管理系统，包括学位质量监控体系、研究生导师门户系统、研究生服务系统等，通过主动推送的方式，将研究生培养过程中的各类信息及时反馈给导师与学生。其中，研究生服务系统涵盖研究生报到、网上选课、网络课堂、成绩管理、学籍管理、奖助学金管理、住宿管理、离校等各个环节，为学生的"跨栏跑"提供了实时且贴心的支持与保障。

科学研究：有所为有所不为

"学科交叉往往会催生新的科学生长点，这里最有可能产生革命性突破。"中国科大原校长侯建国曾形象地比喻说，"志趣相投的人聚到一起，好比是'物理组合'，在国家实验室这个平台上产生'化学反应'。"

学科建设是高校进行教学、科研和人才培养的基础，在一流大学的诸多特征中，最重要的莫过于拥有若干独具特色的一流学科。中国科大在创建世界一流研究型大学过程中，坚持"有所为，有所不为"，注重打造"精品"学科。也就是不搞大而全，不搞平均用力，而是依托各类科技创新平台，选准突破口，通过凝练学科目标，强化学科特色，改革运行机制，优化资源配置，促进学科交叉、融合和交流，重组科研优势，实施大兵团作战，激发创新活力。

在这一方针的指导下，中国科大近年来在纳米化学与材料、量子信息科学与技术、高温超导、医药与生命科学、同步辐射应用、火灾科学与防治技术、生物质洁净能源、材料力学行为和设计、等离子体物理及应用、无线通信、空间科学与技术等领域培育与建设了一批新兴交叉学科，取得了一批具有国际影响的科研成果，使得中国科大成为我国创造性产出基础理论和开展基础研究的学术重镇。2000年以来，国务院共授予国家自然科学一等奖8项，中国科大荣获2项——"铁基高温超导研究""多光子纠缠及干涉度量"分别获2013年、2015年国家自然科学一等奖；屡次入选"世界科技十大进展""中国十大科技进展""中国高校十大科技进展""国际物理学年度十大突破"等。2011—2013年，英国自然出版集团发布旨在测度高品质基础科研实力的《自然出版指数》，中国科大连续三年蝉联中国高校第一；近十年发表的SCI收录论文篇均被引次数位居中国C9高校之首；2012年，教育部学位与研究生教育发展中心发布学科评估结果，中国科大21个参评学科中，物理学、地球物理学排名全国高校第一，天文学、核科学与技术、科学技术史、安全科学与工程排名全国高校第二，9个学科进入全国排名前五，14个学科进入全国排名前十。最新数据表明，中国科大已有10个学科领域进入ESI世界前1‰，其中有7个学科篇均被引次数超过世界平均水平，有4个学科（物理、化学、材料、工程）既是ESI的1‰学科，同时篇均被引也超过世界平均水平，数量并列全国第二。在泰晤士高等教育2016年学科专业世界百强大学榜单中，中国科大的生命科学专业位列全国第一（国际第95），自然科学专业位列全国第三（国际第78），工程技术专业位列全国第四（国际第64）。

中国科大历年入选的重要科技进展一览表

年度	项目名称	入选类别
1998	我国科学家关于夸克质量比的研究国际领先	中国基础科学研究十大新闻
	从四氯化碳催化热解制金刚石	中国高等学校十大科技进展
1999	我国科学家确定碳60单分子在硅表面的取向状态	中国基础科学研究十大新闻
2000	过去3000年企鹅数量的变化与环境演变研究	中国高等学校十大科技进展
2001	科学家成功直接观察分子内部结构	中国十大科技进展新闻
	中国科技大学C60纳米材料与纳米结构研究获重要进展	中国基础科学研究十大新闻
	C60单分子的高分辨表征和新型二维取向畴	中国高等学校十大科技进展
2003	中国科技大学在量子通信实验领域取得重大进展	中国十大科技进展新闻
	多光子量子纠缠态的操纵与鉴别	中国高等学校十大科技进展
2004	Entanglement Breaks New Record	国际物理学重大进展（欧洲物理学会）
	Five-Photon Entanglement	国际物理学重大进展（美国物理学会）
	我国量子信息实验领域取得重大突破	中国十大科技进展新闻
	五光子纠缠和终端未定量子隐形传态的实验实现	中国高等学校十大科技进展
2005	我国科学家成功实现首次单分子自旋态控制	中国十大科技进展新闻

续表

年度	项目名称	入选类别
2006	实现两粒子复合系统量子态的隐形传输	中国十大科技进展新闻
	发现一种可有效通过皮肤传送大分子药物的透皮短肽	中国基础科学研究十大新闻
	Attack of the Teleclones	国际物理学重大进展（美国物理学会）
	在光纤通信中成功实现一种抗干扰的量子密码分配方案	中国基础科学研究十大新闻
2007	光量子计算机的物理实现和算法应用	中国高等学校十大科技进展
	在多光子纠缠和光学量子计算的实验方面取得新进展	中国基础科学研究十大新闻
	实现六光子薛定谔猫态	中国十大科技进展新闻
2008	New High-Temperature Superconductors	年度十大科学进展《Science》
	铁基超导材料研究获重大进展	世界十大科技进展新闻
	新型铁基高温超导材料的发现及相图研究	中国高等学校十大科技进展
	铁基高温超导研究取得系列重要进展	中国基础科学研究十大新闻
	量子中继器实验被完美实现	中国十大科技进展新闻
	Slow But Sure Progress Towards Quantum Computing	国际物理学重大进展（欧洲物理学会）
2009	量子计算研究获重大突破	中国十大科技进展新闻
	基于自旋的量子调控实验研究	中国高等学校十大科技进展
	成功实现太阳能冶炼高纯硅	中国十大科技进展新闻
	双功能单分子器件的设计与实现	中国高等学校十大科技进展
2010	实现16公里自由空间量子态隐形传输	中国十大科技进展新闻
	实验实现最远距离自由空间量子隐形传态	中国科学十大进展新闻

续表

年度	项目名称	入选类别
2012	Data Teleportation: The Quantum Space Race	Features of the Year（《Nature》）
	Quantum Hops	2012 Science News Top 25（《Science News》）
	可扩展量子信息处理获重大突破	中国十大科技进展新闻
	可扩展量子信息处理取得系列重要进展	中国科学十大进展
2013	Foiling Quantum Hackers	国际物理学重大进展（美国物理学会）
	实现最高分辨率单分子拉曼成像	中国十大科技进展新闻
	基于等离激元增强拉曼散射实现单分子化学成像	中国科学十大进展
2014	量子通信安全传输创世界纪录	中国十大科技进展新闻
2015	多自由度量子隐形传态	国际物理学十大突破之首（英国物理学会）
	首次实现多自由度量子隐形传态	中国十大科技进展新闻之首
	纳米尺度量子精密测量	中国高等学校十大科技进展
2016	成功发射世界首颗量子科学实验卫星"墨子号"	中国十大科技进展新闻
	研制出将二氧化碳高效清洁转化为液体燃料的新型钴基电催化剂	中国科学十大进展

国家级科研机构

类别	机构名称	批准部门
国家实验室	国家同步辐射实验室	国家发改委
	合肥微尺度物质科学国家实验室（筹）	科学技术部
重大科技基础设施	合肥同步辐射光源	国家发改委
	稳态强磁场实验装置	国家发改委
国家重点实验室	火灾科学国家重点实验室	国家发改委
	核探测与核电子学国家重点实验室（联合）	科学技术部
国家工程实验室	语音及语言信息处理国家工程实验室（联合）	国家发改委
	类脑智能技术及应用国家工程实验室	国家发改委
国家地方联合工程研究中心	热安全技术国家地方联合工程研究中心	国家发改委
2011协同创新中心	量子信息与量子科技前沿协同创新中心	教育部
国家国际科技合作基地（联合研究中心）	大尺度火灾国际联合研究中心	科学技术部
其他	国家高性能计算中心（合肥）	科学技术部
	安徽蒙城地球物理国家野外科学观测研究站	科学技术部

促交叉：让"物理组合"产生"化学反应"

"学科交叉往往会催生新的科学生长点，这里最有可能产生革命性突破。"中国科大原校长侯建国曾形象地比喻说，"志趣相投的人聚到一起，好比是'物理组合'，在国家实验室这个平台上产生'化学反应'。"

早在2000年组织有关创新研究的研讨时，中国科大就认识到不同学科之间的交叉与综合已成为取得重大创新性研究成果的必要条件之一。2001年，学校打破了学科和院系间的界限，对结构分析、选键化学、量子信息（部分）、生物大分子结构与功能等4个中科院重点实验室和校内的原子分子物理重点实验室进行交叉整合，组建了一个跨物理、化学、生物、材料、信息等五个一级学科交叉、理论和实验相结合的研究平台，开展微尺度物质科学方面的研究。2003年，科技部批准中国科大筹建合肥微尺度物质科学国家实验室，在交叉前沿基础研究和能源科技、信息科技、人类健康、国家安全等国家重大需求方面作出一系列部署。

上述这些举措，使得实验室在单分子科学、量子信息与通信、纳米科技、高温超导等交叉学科领域的关键性理论和技术方面取得了有国际影响的突破。十多年来，其创新成果共十余次入选由两院院士评选出的年度"中国十大科技进展新闻"，是同期全国科研单位中的"唯一"。

比如，在量子通信领域，国家实验室潘建伟团队在国际上首次实现了安全距离超过百公里的光纤量子通信，建成首个全通型量子通信网络、首个规模化城域量子通信网络，并首次将自由空间量子通信的距离突破到百公里量级等，使得量子通信已经成为我国为数不多的具有世界领先水平的尖端技术。这个团队的工作5次入选欧洲物理学会评选的"年度物理学重大进展"、4次入选美国物理学会评选的"年度物理学重大事件"、7次入选我国两院院士评选的"年度中国十大科技进展新闻"。

2015年2月，《Nature》杂志以封面标题的形式发表了中国科大潘建伟、陆朝阳等完成的在国际上首次实现多自由度量子体系的隐形传态这一研究成果。这项工作打破了国际学术界从1997年以来只能传输基本粒子单一自由度的局限，为发展可扩展的量子计算和量子网络技术奠定了坚实的基础。国际量

美国《科学》杂志以封面论文形式报道中国"墨子号"量子卫星首次实现上千公里量子纠缠的消息

子光学专家Wolfgang Tittel教授在同期《自然》杂志撰文评论："该实验的实现为理解和展示量子物理的一个最深远和最令人费解的预言迈出了重要的一步，并可以作为未来量子网络的一个强大的基本单元"。2015年底，该成果被英国物理学会（Institute of Physics）新闻网站《物理世界》（《Physics World》）评为2015年度国际物理学领域的十项重大突破之榜首（Breakthrough of the Year），并在2016年初名列两院院士评选的2015年度中国十大科技进展新闻之首。2016年初，潘建伟团队"多光子纠缠及干涉度量"获得2015年国家

自然科学奖一等奖。

英国《Nature》杂志在专门报道我国量子通信研究成果的长篇新闻特稿"数据隐形传输：量子太空竞赛"中指出："在量子通信领域，中国用了不到十年的时间，由一个不起眼的国家发展成为现在的世界劲旅，将领先于欧洲和北美……"英国《新科学家》杂志在其《中国崛起》专刊中，对合肥微尺度物质科学国家实验室在量子信息等领域取得的成就给予了高度的评价："过去，合肥最著名的是豆腐和麻饼；现在，他们正在改变这一切，他们已经将中国科学技术大学，甚至整个中国，坚定不移地推进到量子计算界的图谱中。"

再比如获得2013年度国家自然科学一等奖的铁基超导研究，就是物理、化学和材料等一级学科之间交叉合作的结晶。作为主要获奖人的陈仙辉教授领导的科研小组，于2008年3月在国际上首次发现了临界温度超过43 K（-230.15℃）的超导体，突破了经典的"麦克米兰极限"，这一成果被美国《科学》杂志评选为2008年世界十大科技进展之一，也将我国凝聚态物理学研究推到了世界最前沿。

在科大，这样的学科交叉已经成为一种普遍现象，越来越多的科学研究在不同学科教授之间展开。比如，由江俊、熊宇杰、宋礼这三位"青年千人计划"教授联合组建的复合材料表界面关键科学问题团队，就颇能体现学科交叉的魅力。

在回国参加"青年千人"答辩时，做理论模拟的江俊碰到了做纳米材料制备、无机合成的熊宇杰。熊宇杰在器件和材料方面卓有建树，他在实验过程中发现了很多有意思的机理问题，想继续探究。而江俊在理论上有一些预测，很想在实验上推进。俩人讨论之后觉得，中间还缺乏一个过渡，理论到实验之间还需要一个做表征的。这时候，做制备又做表征的宋礼来到科大。这三位青年人发现相互有很多共同语言，正好学校鼓励大

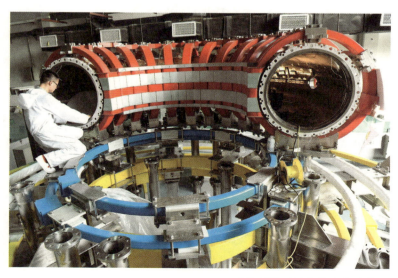

反场箍缩磁约束聚变实验装置

家申请创新团队，于是他们一拍即合，三人的领域相互交叉和支持，形成一个稳定而尖锐的三角形，既协同解决核心的科学问题，又在各自的侧重点上实现突破。

2014年，这个成立不到一年的团队便成功申请到一项国家青年"973"项目。这个项目之所以能得到权威专家的认可，是因为他们三人在各自方向做了十多年的科研，积累了不少的经验和灵感，所以他们不是盲目交叉，而是聚焦于普适性的科学问题，把不同的方法和思路从各个角度交叉起来。

回国前，熊宇杰已经担任美国圣路易斯纳米中心主任。"我回国就是想做点事情。科大给了一个非常好的平台，能让我真正带领一个团队，做出一点事情来。"熊宇杰说，"学校给了我们一方没有天花板的舞台。国外舞台是有的，但是会有天花板，而没有天花板的舞台在科大是存在的。"

"组团队"，让创新"炉火"越烧越旺

《科学》《自然》《细胞》《物理评论快报》……在这些国际最顶尖的学术期刊上，科大人每年都能发表一大批高水平研究论文。而细心的人会发现，这些成果几乎都是"小组""团队"工作的结晶——科大人知道，科学研究虽然需要"武林高手"，但不能依靠"单打独斗"，只有多学科、跨领域的团队协作，才能在科学探索中事半功倍。

2012年5月，ESI统计数据表明，中国科大"环境/生态学"首次进入该学科领域全球研究机构排名的前1%。消息传来，地球和空间科学学院孙立广教授和他的团队感慨不已——以极地环境研究室为依托成立的环境科学专业，从无到有，整整十年。从研究室、专业，到硕士点、博士点、一级学科，发展过程中的每一步，都离不开学校对各方力量的整合和团队建设的支持。

在孙立广的率领下，4名教授、副教授，2名博士后及20多位研究生，组成了闯南极、走北极、下南海的精锐之师。他们通过对企鹅粪沉积柱的研究揭示南极大陆生态、气候与环境的演变，开拓了"全新世南极无冰区生态地质学"新领域，还将独创的"企鹅考古法"推广运用，据此进行古降雨记录的重建，破译出南海鸟粪层里暗藏的"气候密码"，相关研究成果引起了国内外学术界的广泛关注。"我们这个实验室没有院士，也没有领导，是个没有'帽子'的团队。"孙立广感慨地说，"在科大，没有'帽子'的团队也有很好的发展空间和土壤。"

在科大，许多创新团队的成长都有着各具特色的故事。微尺度物质科学国家实验室量子物理与量子信息研究部是一支阵容华丽的年轻军团，仅仅"千人计划""青年千人计划""百人计划"教授就有十多个。这支队伍中最年长的就是"舵手"潘建伟，他是中国最年轻的"70后"院士。多年来，为了储备人才和追赶国际前沿，在学校支持下，潘建

中国科大师生参加南极科考

伟耐心布局，将不同学科背景的年轻人一一送出国门，分别到德国、英国、美国、瑞士、奥地利等量子信息研究的优秀国际小组加以锻炼，在量子纠缠和量子存储等方面迅速取得一系列国际领先的研究成果。近年来，这些特意"放飞"国外多年的年轻人悉数回国，使团队得到了空前的壮大，成为跻身国际学术最前沿的团队之一。

如同世上万物一样，自然科学研究有着自身的规律。违背规律，事倍功半；遵循规律，取得成功就变得自然而然，这就是中国科大在高水平前沿研究方面取得突出成绩的重要原因。

"搭平台",实实在在的资源共享

近年来,我国科研设施与仪器规模持续增长,技术水平明显提升,但利用率和共享水平不高、重复购置、闲置浪费等问题日显突出。而中国科大集中资源建设的理化科学等六大公共实验中心,面向全校和社会开放共享,为众多科研项目的顺利开展和优秀科技成果的产出起到了重要支撑作用,已经成为该校名副其实的科技创新"总装备部"。

高水平的前沿研究离不开尖端科研设备的支持,而这样的设备往往耗资巨大,单个课题组根本无力承担。而学校为每个课题组单独购买这些尖端设备既不现实也没必要,课题组也相对缺乏对这些尖端科研设备的专业化管理人才,不利于设备的维护和利用。

为此,从2000年开始,中国科大集中资源逐步兴建了理化科学、生命科学、工程与材料科学、信息科学、超级计算、微纳研究与制造等六大公共实验中心,购置了各学科急

西区一景

需、通用而分散购置又不经济的大中型实验仪器设备、软件平台等280余台（套），各类仪器总价值约3.5亿元人民币，逐步建立起条件优良、功能配套、管理规范、先进高效的资源公用共享系统，为培养创新人才和开展高水平科学研究工作提供支撑和保障。

学校要求各中心必须面向校内外师生全面开放，打破高校、学院、专业的壁垒，全力满足各专业、各行业的实验需求，以此提升本中心服务科研和区域发展的社会效益。例如，理化科学实验中心是最早成立的公共实验中心之一，现有仪器涵盖了对物质结构形貌表征、谱学表征、成分分析和物性测量等多个领域，并已形成完善的管理及功能架构。中心提供便捷的测试服务，学生在实验室或宿舍就可预约实验和接收实验结果；通过讲座、上机培训、对竞赛提供仪器技术支持、多媒体课件、网站等提升学生实验科学的兴趣和实验技能；通过建立稳定的专项基金，支持青年技术人员对仪器功能进行拓展和性能提升，鼓励年轻技术骨干参加国内外的相关技术交流和培训，定期组织实验技术研讨；在服务社会方面，中心可出具公证数据，从接样、副样保存、测试条件确认、检测、校对及报告签发等严格按照规范进行。

学校对六大中心实行"学校'搭台'，学科群'唱戏'"的"两级管理"模式，学校层面对各分中心的资产、人员、发展规划、运行服务等进行统一管理，相关学院受学校委

公共实验中心

托协助管理，各分中心的日常管理实行专家组领导下的分中心主任负责制。学校将公共实验中心的工作人员纳入专门的"支撑"队伍建设，为他们量身打造专门的评价体系，单独对其职称与业绩进行考核，还专门设立仪器设备性能开发基金，激励他们专注于对仪器的性能拓展和功能开发研究，从而更好地为科研工作服务。目前公共实验中心已拥有专职技术人员126人，其中正高职称15人，副高职称25人，拥有博士、硕士学位的占到62%。

高水平的技术支撑队伍，使得科大的公共实验平台可以为用户提供包括测试样本、解析样本数据和结果、提供仪器使用的培训指导等多样化专业服务。例如理化科学实验中心有两台市场价格分别为80万和230万美元的高分辨率电镜，几乎全天候运转，全校

超算中心

所有相关专业的院系都在用。不仅如此，公共实验中心对该校研究生培养也起到了重要作用。据统计，近五年来，中国科大公共实验中心累计为8万人次研究生提供了测试服务，测试样品数近70万，支撑研究生发表SCI、EI论文5000余篇，其中1/3为高影响因子的论文，中心支持的博士生论文获得"全国百篇优博论文"23篇、"中科院优博论文"62篇。

"强保障"，助力青年科学家的创新理想

中国科大以"年轻人才较多"（邓小平语）而著称。据统计，截至2015年底，45岁以下的中青年教学科研工作者人数已占全校的70%，青年人成为科研创新的重要生力军，多项世界级高水平研究均由年轻科学家担纲。微尺度物质科学国家实验室陈宇翱教授32岁时获得2013年度菲涅尔奖；中科院量子信息重点实验室李传锋教授的"八光子纠缠态"成果入选2011年度中国十大科技新闻……中国科大的青年"军团"正以不俗的表现引起学术界的广泛关注。

年轻的科技人才之所以能在科大迅速成长，是因为学校为青年人打通了人才上升路途，让青年人的科研水平"水涨船高"。科大本身有很好的研究基础，学术布局与国际前沿紧密结合，多个学科水平与国际接轨，学校鼓励教师开展国际学术交流，为青年教师量身打造出国研修计划，并要求学院的学术带头人帮助年轻老师联系海外研究机构，由学校提供好的资助条件，让年轻人有机会去国外一流的实验室锻炼，开展高水平研究。

说起与海姆教授的合作渊源，工程科学学院吴恒安教授的记忆追溯到2009年的一个下午。那天，学校领导与全校青年教师座谈，鼓励大家积极申请学校的"青年骨干教师出国研修计划"。"那时我留校也有几年了，但在研究上总感觉打不开局面。"吴恒安说，"这个座谈会给我的触动很大，我也很渴望去国外的环境寻找新的'碰撞'。"当天晚上，他给海姆教授写邮件，第二天就收到了热情的回信。

2010年，吴恒安顺利地进入这个国际交流计划，以学校公派出国的身份来到海姆教授的实验室，开展石墨烯材料力学行为的模型和数值模拟研究。他与实验科学家们紧密合作，制备出一种新型隔气透水石墨烯薄膜材料并揭示其微观力学机理，成果于2012年1月在《科学》杂志发表，引起巨大反响。

回国后的吴恒安感到了质的改变："研究的眼界得到了很大提升，研究质量和水平开始与国际接轨。"此后，吴恒安教授的学术研究突飞猛进。2014年，吴恒安与合作者研究发现了氧化石墨烯薄膜具有精密快速筛选离子的性能，《科学》杂志认为该发现具有重要意义。

与此同时，自身资源少、申请项目难，一直是刚起步的青年人才共同面对的难题，尤其是刚从海外回来、对国内环境尚不熟悉的时候。但在科大，地空学院教授雷久侯却没有这样的困扰："我是通过第一批国家'青年千人计划'回国的。刚来到科大，科研经费就到位了，采购的仪器到位后就开始做观测和实验，科研上没有耽误时间。"在学院科研管理老师的帮助下，雷久侯申请项目也比较顺利，2个研究项目已获基金委资助，去年还获得了杰青基金资助。

生命学院和微尺度物质科学国家实验室双聘教授薛天刚回国时，国家"青年千人"经费按规定只能按年划拨，第一年只能先到位100万元，但是研究的起步阶段需要购置大量仪器设备，往往是花钱最多的时候，到位经费不够用。薛天给学校人力资源部写了一封邮件，说明了实际的困难。很快，学院的科研管理老师拿来了一张"科研借款"申请表让薛天签字。学校审批后，借款迅速到位。

"仅仅是一封邮件，一张表格，就解决了当时的燃眉之急。"薛天表示，"这种灵活而个性化的管理机制，对科研起到了很好的支持。"如今，薛天在神经光感受的信号转导、神经环路和相关再生医学等方向上均有斩获，发表在世界顶级期刊上的研究成果，他人引用超过千余次。

西区梅苑

协同创新引领战略产业崛起

截至2015年底,学校已培育具有科大关键技术和知识产权的高新技术企业50余家,其中不乏一批区域和行业龙头,比如科大讯飞、时代出版、科大智能等上市公司的总市值达到700多亿元。

2016年,中国科大量子通信研究团队在国际上率先发射"量子科学实验卫星",旨在实现高速星地量子通信并连接地面的城域量子通信网络,初步构建我国的广域量子通信体系。同时,还将建成连接北京、上海的高可信、可扩展、军民融合的"京沪光纤量子通信骨干网",推动量子通信技术在国防、政务、金融等领域的应用,带动相关产业发展。这是中国科大量子信息领域的原始创新成果走向产业化的重要一步。

近年来,中国科大在创建世界一流研究型大学的过程中,深化科研体制机制改革,以原始创新产生的变革性技术,培育和促进安徽战略性新兴产业发展,一批具有核心竞争力的产业在江淮大地悄然兴起。

中国科大具有人才和科研优势,"十二五"期间学校共申请各类专利2012件,申请量年均增长率为16.5%,其中发明专利占83%;共获得授权专利1307件,授权量年均增长率为15.9%,其中占总授权量的75%。尤其在语音信息、量子信息等领域，从基础研究中产生了一大批高技术成果。截至2015年底，学校已培育具有科大关键技术和知识产权的高新技术企业50余家，其中不乏一批区域和行业龙头，比如科大讯飞、时代出版、科大智能等上市公司的总市值达到700多亿元。

"让机器像人一样能听会说"是科大讯飞总裁刘庆峰1999年创办公司时的豪言壮语。那时，他还是中国科大的一名学生，怀揣着读研期间研发的原创语音技术，在导师王仁华教授和学校的支持下，开始了创业之路。时隔17年后，2016年4月26日上午，中共中央总书记习近平莅临中国科大先进技术研究院，参观考察安徽科技创新成果，在安徽创新展的第一站科大讯飞，习近平总书记观看了语音合成、多语种翻译、实时语音听写、智能教学、阅卷评分系统以及银行服务机器人等技术成果展示，期间频频赞许，对讯飞技术和应用前景给予了高度评价。今天，这个最初由6名大学生创办的公司，已成为我国唯一以语音技术为产业化方向的"国家863计划成果产业化基地"，并牵头制定中文语音技术标准，成为中国智能语音与人工智能产业领导者。目前，科大讯飞的语音合成技术除了汉语做到全球最好，英语合成也超过了美国研究机构、印地语合成超过了印度研究机构，都是世界第一。2014年之前国际比赛汉英翻译是日本研究机构全球第一，英汉翻译是美国研究机构全球第一，在2014年底和2015年的国际比赛中，科大讯飞已经改写了这个历史，都是全球第一。科大讯飞凭借世界领先的智能语音技术，产品占中文语音技术主流市场份额的80%以上（而在讯飞诞生之前，中文语音市场一直被国外IT巨头垄断），拥有13万创业者、7亿用户的产业生态，围绕讯飞人工智能开放平台的机器人创业公司已有3000多家，以讯飞为核心的智能语音产业链已初具规模。

火灾科学国家重点实验室拥有清洁阻燃、火灾探测、清洁高效灭火等技术的一体化防火技术体系。这些先进技术通过科大立安公司的转化，广泛应用于北京奥运会和上海世博会主要场馆等200多个国家重要场馆场所。目前，实验室的研究领域和公司的产品正在从"火灾安全"延伸至"公共安全"，由陆地走向"陆、海、空、天"。

近年来，我国正处于产业结构和经济增长模式转型期，从"中国制造"向"中国创造"的转变，急需原始创新能力的进一步提升。在此背景下，2012年7月，安徽省、中国科

火灾科学国家重点
实验室火旋风实验

中国科大先进技术研究院

学院、合肥市、中国科大决定四方共建中国科大先进技术研究院,围绕战略性科技创新领域,着重打造连接上中下游的"创新丛林",以期为战略性新兴产业的培育和发展提供取之不竭的源头活水。先进技术研究院按照"顶天、立地、聚焦"的原则,顺应未来科技革命的大趋势,服务国家和区域社会经济发展战略需求,结合自身研究领域和优势,将微电子技术、新能源技术、新材料、医疗健康和量子信息等五个领域确定为重点发展方向,并在这五大领域里"种大树",以抢占下一代先进技术的制高点,从而推动我国战略性新兴产业的发展。此外,先进技术研究院还组建了国际技术转移中心、区域级"先进技术与产业金融服务支撑平台"、微电子产业共性平台等一批国家级、战略性科技平台。与此同时,先研院通过对接中科院各研究院所、中国科大海内外校友、国际优质科教资源、区域发展战略,让国内外优质科教资源在先研院这个平台上实现互动与合作。截至目前,先研院已建设战略性平台10个,已培育、遴选100多个先进技术项目,与中科院自动化研究所、计算技术研究所、电子学研究所等科研院所以及英特尔、微软、阿里巴巴等国际知名企业等共建30多家联合研发中心。目前,先研院已逐步发展形成格局多样、来源丰富、各具特色的技术创新丛林。

为人才群聚育一方水土

中国科大对教师实行"分类管理",对处于"战略岗位"的各类专家教授,不提发表论文数等硬性考核指标,而以"阶段考核"代替"年度考核",以"同行交流"代替"述职考评"。

在创建世界一流研究型大学的进程中,人才强校是中国科大长期坚持的一项战略。为此,学校逐步建立起与世界一流大学目标相适应的高层次人才的发现、培养和引进机制,

校领导率团赴美招募海外英才

水上报告厅

努力营造潜心研究、尊师重教的良好学术氛围。截至2017年12月，学校共有中国科学院和中国工程院院士49人，国家"万人计划"入选者30人，国家"千人计划"入选者46人，教育部"长江学者"48人，国家杰出青年基金获得者110人，国家青年拔尖人才计划入选者13人，"青年千人计划"入选者124人，国家优秀青年科学基金获得者91人，中国科学院"百人计划"入选者122人，各类高层次人才约占学校师资力量的31.5%。中国科大45岁以下的中青年教学科研工作者人数约占全校的70%，青年人成为科研创新的重要生力军，多项世界级高水平研究均由年轻科学家担纲。

地处二线城市的中国科大是如何在区位、资源和条件均不具明显优势的情况下逐步形成人才群聚效应的呢？

多措并举，助学术梯队健康发展

中国科大将高端人才引进和青年教师培养作为队伍建设的支撑点和首要任务。学校成立了由校长任组长、分管副校长任副组长的"优秀人才引进与管理领导小组"，全面规划、领导优秀人才的引进与管理工作，形成教学、科研、人事、后勤保障一条龙的服务体系，从而在组织上为人才的引进与管理提供了保证。同时成立了"优秀人才引进学术委员会"，其成员均为两院院士和各学科领域的学术带头人，从而保证了各类人才引进中的学术水准。

为了培养和提高校内存量师资队伍，2008年，学校还启动了"青年骨干教师出国研修计划"，根据学校发展规划和学科发展需要，每年拿出500万选送30名左右青年骨干教师到世界一流大学、一流团队进行2年的进修，由杰出校友和学术权威组成青年教师导师小组，利用他们在国外的学术人脉，联系一流的科研机构进修，让青年教师直接接触国际学术的最前沿，提高他们的学术水平和开拓国际化视野。

针对刚刚进校、35岁以下的青年教师，已显示出学术上的冲劲，但以其资历尚不能担任终身教授、终身副教授，学校设立了特任讲师岗位，并提供较高的岗位津贴，表现出色的可以转为终身教职岗位。这样做一来可以提高准入门槛，同时也把新进青年教师放到激励的环境中，为他们创造上升的通道，让他们看到希望。

此外，学校实施了国家杰出青年科学基金后备人选培养计划，每年从国内外通过公开竞争、择优支持的方式选拔5—10名40岁以下的青年学者，根据不同学科领域的具体情况，给予不等的科研资助经费。

与此同时，学校还为到岗工作的学者专家提供更广阔的舞台和空间，根据学科发展需要，安排他们担任院系、实验室、学术委员会等方面的管理和组织工作，让他们在更大的空间里为学校学科建设、人才队伍建设等方面发挥更大的作用。

近十年来，中国科大按照学术大师、学科带头人、学术带头人、中青年骨干教师四个层次构建学术梯队，按照"用好现有人才、稳定关键人才、引进急需人才、培养未来人

西区也西湖

才"的思路,大力引进和培养高层次人才,稳定人才队伍,取得显著成效,为创建一流大学提供了强有力的人才支持。

以诚相待,为引进人才解除后顾之忧

在中国科大,引进人才普遍感到的一点是,与发达地区高校相比,地处中部地区的中国科大所能提供的待遇、条件未必最好,但学校很真诚,只要答应的事情,件件都落实到位。

引进人才进校前,校方会以书面形式对职称、薪酬、住房、子女就学、医疗等作出约定,而不是等到引进人才入校后再谈。学校在教工住宅小区预留了300多套住房,确保引进的教授都能住上100—200m^2的房子。目前,300套大户型住房已完工交付使用,以满足引进人才之需。不仅如此,学校甚至还考虑到新进人员住房装修需要一定时间的情况,专门准备了设施齐全的三居室专家公寓,引进人才一进校即可"拎包入住"。对于没有时间和精力搞家庭装修的,校人才办和后勤管理部门甚至会专门提供装修菜单,上门服务,帮助教授将住宅装修好。为节省学者们的时间，学校还联系安徽医科大学附属医院开辟了一条"就医快速通道"，专供院士和"千人"学者使用。

不仅在生活上为教师排忧解难，中国科大更重视为科学家们提供工作上的便捷服务，帮助他们从繁琐的日常工作细节中解脱出来，集中精力投入到学术工作中去。为此，学校专门成立了行政服务中心，将直接为教职工服务的经常性事项集中起来，实行限时办结、首办负责、全权代理等制度，为教职工提供"一站式"服务。

引进人才普遍反映，科大行政部门服务教授的意识与西方没有多大区别，教授们提的问题，行政系统都会尽可能解决或改进。这种在人才引进工作中踏实真诚的作风，感染了许多海外优秀人才。

尊重需求，为人才营造创新土壤

以人为本，首先要落实在满足人才学术发展的实际需求上，确保他们做事有平台、发展有方向。对于引进人才，学

高层次人才学术交流会

校不仅为他们提供一定数量的科研启动经费,还及时安排实验和办公用房,配备学术助手和学术梯队。学校引进人才的科研启动经费在100—1000万元之间,额度不等,并非整齐划一,而是根据到岗工作的实际需要而定。先是由到岗者就拟开展的学术研究内容及所需资源提出报告,再由所在学院对报告进行评估和审定,然后由校科研部、人才办、资产与后勤管理部等部门围绕到岗者的学术需求进行逐个讨论,最终确定满足实际需求的全方位支持条件。由于引进人才刚刚回国工作时国家支持的科研经费往往尚未到位,为了帮助他们尽快开展工作,学校还专门出台举措,借钱给引进人才开展工作,使得他们在进校后能在较短时间里拥有高水平、专业化、全开放的实验条件和支撑保障。

与此同时,中国科大对教师实行"分类管理",对处于"战略岗位"的各类专家教授,不提发表论文数等硬性考核指标,而以"阶段考核"代替"年度考核",以"同行交流"代替"述职考评"。基本做法是三年一个周期,让教授们在同等层次、同类型专家之间进行一次学术报告和成果交流。这样做既符合学术人才的成长规律,又能激励科学家的创造热情,为他们长期的学术积累与发展创造宽松的环境。与此同时,在尊崇"学术优先"的氛围里,青年人也没有论资排辈的学术禁锢,科研前辈对后辈关爱有加,学术交叉和团队合作气氛浓郁。

由于政策、管理、文化上的精心呵护,引进人才很快就能融入科大的创新氛围中,让创新思想开出绚丽的花朵。

预警与援助系统

2003年以来，中国科大适应信息网络技术的新特点，充分利用不断发展的网络手段，积极探索网络思想政治工作新的载体和方法，初步建立起针对大学生健康成长的基于网络和数据库的预警与援助系统，形成了"可发现、可追溯、可执行、可检验"的管理工作闭环，努力使网络的整体育人功能在新形势下发挥更加重要的作用。

一是学生学业网络预警与援助体系。学校自主开发了一套具有中国科大特色的"学生信息管理系统"。本系统架构在校园网平台上，对在校学生各有关数据项进行准确无误的追踪记录，为每个学生建立学业档案。学校利用该系统定期对全校学生进行普查，对于成绩不够理想的同学及时提出警示，并开展帮扶。只要学生有一门课亮起了红灯，辅导员就启动学习援助计划。这改变了过去学生考试不及格的科目达到规定限度后，学校有关部门才通知院系，给予学生退学或休学处理的做法。学校还专门启动了针对学生网瘾的"争夺工程"。此外，各院系从院长、系主任到普通老师，从学生工作负责人、班主任、辅导员到学生干部，全方位、全过程关注学业困难的学生，及时发现并帮助学业困难学生，提高学业困难学生的专业兴趣。

与此同时，从2015年秋季学期开始，学工部（处）和教

街舞秀

务处合作，在现有学业预警体系上开发了"学业追踪系统"。每隔一段时间（半个月到一个月），通过教务助教系统收集到全校所有正开课本科生班级的课业情况，筛选出其中出现的"本周作业未交""课堂小测验不及格"和"期中考试不及格"三类问题的同学信息；通过数据中心把这些信息发送到学工部（处）；学工部（处）通过"学工一体化系统"把同学信息分发到对应的班主任；班主任登录系统后读取本班同学的问题信息并及时找相应同学谈话，之后再把谈话内容和解决方案通过系统提交到学院学工负责人和学工部（处）。从而实现了学生学业问题的早期预警和及时援助，同时做到了管理上的闭环和有效监督。

二是心理健康网络预警与援助体系。近年来，大学生心理健康问题已成为高校思想政治工作的难点之一。中国科大充分利用网络平台在新生入学之初开展心理筛查，为每一位学生建立网络心理档案，并对心理普查预警学生实施专业的心理干预与追踪。学校在每个班级的班委中设置了"心理委员",成立联合会对他们进行培训并组织交流,通过他们及时发现同学中的心理问题,并展开宣传和组织活动。同时学校心理健康教育与咨询中心利用网络这种无需见面又可以畅所欲言的独特载体,建设"微笑在线"心理网站,网站设立了"微笑咨询""微笑驿站""微笑测评""微笑心理"等八大版块,为全校学生推出网络心理学习与咨询服务,备受学生青睐。学生们以"匿名天使"的身份在BBS上敞开心扉倾诉,学校则使用后台技术及时关注和跟踪出现问题的匿名同学,并及时为其提供个性化的心理教育和服务。基于"微笑在线"网络平台,学校有关部门和专业心理工作者能掌握学生的心理动态,及时发现心理危机,疏解心理困扰,实现网络内外有效联动,虚拟与现实紧密结合。"微笑在线"每年校内外约5000人次登录,成为推进学校心理健康教育的重要阵地。2006年,"微笑在线"网站经中国大学生在线评选,获"全国高校百佳网站"称号。截至2015年12月底,心理健康教育与

中国科大大学生心理委员开展素质拓展训练

咨询中心共接待8920人次研究生和本科生的面谈心理咨询个案，实施网络心理辅导1920人次。近年来，心理健康教育与咨询中心平均每年心理咨询约800人次，每年成功处置和化解学生心理危机30余例，接待专业团体和个体心理测评3000余人次，开展素质拓展活动受益2500人次，为学生推送心理专题报告10余场。

  三是经济困难学生预警与援助体系。学校利用"校园一卡通"智能化的统计系统，调查学生的在校消费情况，对每月在食堂就餐一定次数以上且消费在一定金额以下的同学（每月次数和金额根据当月的全校同学平均数据动态调整），"一卡通"系统就会自动生成此类学生的数据库，无需学生自己申请补助，学生处主动核实情况并通过财务处在其"一卡通"账户中存入补助款（近几年援助金额已提升到每人每月160元）。对每次资助的同学，学生处还会通过网络系统把信息分发给该同学的班主任老师和学院学工负责人，由他

媒体报道

们对同学的经济困难问题进行进一步的追踪和处理。这一措施为许多经济困难的学生解决了生活上的燃眉之急，且这种"隐形"的资助方式除了操作单位老师和受助学生自己，信息不会被其他人知道，充分照顾了经济困难学生的个人感受。"隐形资助"受到师生和社会各界的好评，2007年6月14日中央电视台《新闻联播》以"中科大：关爱学生，润物细无声"为主题进行了报道，近些年还有多家新闻媒体对此资助方式做了报道。目前，学校的"隐形资助"年资助总数已超过2000人次，其中2015年资助共2789人次，总计44.624万元。

四是思想动态网络预警与援助体系。针对部分青年大学生对网络的迷恋程度越来越深而导致的心理等方面的问题，学校构筑了一张覆盖全校、辐射社会、延伸课外的立体的思想动态网络预警与援助系统，有关部门通过加强对网络内容的监管，密切跟踪讨论热点，捕捉不安全因素，及时掌握青年学生的思想动态，并采取有力措施，把问题解决在萌芽状态，最大限度地防范非法、有害信息对大学生身心健康的侵害，使网络在大学生成长过程中更好地发挥积极正面作用。

五是学生安全预警与援助体系。构建了针对学生人身安全、财物安全、旅途安全等日常安全问题的教育、预防、处理的整体机制。学工部（处）通过每月的学生工作例会在各单位学生工作负责人和各职能单位领导中通报、交流学生安全问题，并进行安全案例研讨；定期组织各院系学工负责人和班主任辅导员老师对学生进行安全教育；每逢节日和假期必定安排各班级组织人身、财务和旅途安全教育班会，并实行严格的请销假与登记统计上报制度。学校从新生入学开始，就特别注重对他们的安全教育，入学教育阶段就特别安排了各班级的安全和校规校纪集体学习，并在入学教育后组织"校规校纪考试"，进行相关的考核。学工部（处）在每个班级班委干部中还都设置了安全委员，负责同学中日常的安全教育组织和安全隐患排查，对全体安全委员都进行上岗培训。学校还组织火灾消防和其他自然灾害逃生演习，已经和武警合肥市消防支队合作建立了火灾安全培训基地，在春季学期每周末组织各班级同学赴基地实地进行教育。

六是学生健康预警与援助体系。学校积极构建"活力校园"文化，通过建设学生体育俱乐部，引导同学们积极参与锻炼和体育活动。学校定期组织同学进行体能测试和数据统计，针对发现的问题展开教育和引导以进行改善。学校相关职能部门和校医院有直接沟通机制，对流行疫病等卫生防疫问题进行及时的通报和跟踪处理。学校还通过招标的方式，引导学生集体参与社会医疗保险。

网络预警与援助体系的建立与完善，使中国科大的思想政治教育增强了主动性、预防性和科学性。2007年6月，中国科大建立网络预警与援助体系帮助大学生特殊群体健康成才的做法，被中宣部列为面向全国重点宣传典型，人民日报、中央电视台、中央人民广播电台等中央媒体进行了为期两天的集中重点报道，在社会上引起了强烈的反响。

青春科大

百团争鸣，绽放缤纷文化；红专并进，激发思锐精华。截至目前，中国科大共有注册学生社团近80个。根据学生社团的性质和活动内容，可划分为公益爱心类、综合实践类、表演艺术类、文化研究类、学术科技类、信息技术类、体育运动类和益智休闲类八大类。社团活动形式多样，"社"彩缤纷，极大地丰富了广大同学的校园文化生活，营造了培养学生综合素质的良好氛围，体现了科大学子又红又专、勇于创新的精神风貌，为校园增添了青春的蓬勃朝气。

研究生支教团

中国科大研究生支教团是由历届研究生支教队队员和热心于支教公益事业的在校学生组成的志愿服务组织，她的宗旨是"弘扬志愿者精神，倡导互助、合作、进步的时代精神，为祖国扶贫支教事业做出努力和贡献"。自1999年以来，已连续招募了18届共119名队员，分赴青海循化县、甘肃榆中县和宁夏海原县开展志愿服务工作。李克强总理曾为支教团题词"志愿服务，报效社会"，并曾两次给支教队同学们回信，勉励大家"经历铸就人生，奉献体现价值，希望你们把支教生活作为加油站，更加勤奋地学习工作，在报效社会中创造美好生活"。2016年获"安徽省五四青年奖章集体"荣誉称号。

支教队员与同学们在一起

学生科学考察探险协会

中国科大学生科学考察探险协会（简称"科考协会"）成立于1996年，是中国科学探险协会的团体会员。它是国内最具活力和影响力的学生社团之一，现有会员5000多名，包含不同专业和年级的博士生、硕士生和本科生。协会曾被共青团中央、教育部、全国学联授予"优秀学生社团标兵""优秀社团"荣誉称号，并获中国科学探险协会"探索奖"、中国国家地理高校社团联盟"十佳社团"称号。

原创校园歌曲《如果不是你》

科考协会2012年暑期考察巴丹吉林沙漠

科考协会自成立以来,坚持"科考·探险·环保"的活动宗旨,每年组织一次大型野外科学考察探险活动,曾探访过秦岭、六盘山、巴丹吉林沙漠、三江源、呼伦贝尔草原等地,取得了丰硕的成果。

学生国旗护卫队

中国科大学生国旗护卫队成立于1997年10月,承担校内日常升旗和重要节日、纪念日的集体升旗工作。国旗护卫队开展了一系列升旗和爱国主义教育活动,如升旗进支部和参观南京大屠杀纪念馆、烈士陵园等,并组织多彩的队内外联谊活动,丰富校园文化氛围,增强同学们的爱国精神。经过20年的发展壮大,国旗护卫队现已成为校内最具影响力的社团之一。

国旗护卫队举办"五四"升旗活动

学生合唱团

中国科大学生合唱团成立于2005年6月，现有80余名团员。历届团员们用艺术家的热情和科学家的严谨浇灌着这朵美丽的文艺之花。合唱团已积累了400余首不同时期、不同语言以及不同风格的合唱作品，虽然并非专业的歌者，但这并没有阻碍大家对高水准艺术作品的追求。

自2012年至今，合唱团已成功举办20余场音乐会，其中每年12月份的新年音乐会和5月份的专场音乐会已成为合唱团的品牌活动。此外，合唱团还多次走出校门，面向社会大众展示科大学霸的艺术气息。2014年7月，合唱团参加在北京举办的第12届中国国际合唱节，获得成人混声组银奖、成人男声组银奖和优秀指挥奖。

"流年·声影"
中国科大学生合唱团专场音乐会

2015年中国科大学生合唱团在合肥大剧院举办十周年专场音乐会

学生军星社

中国科大学生军星社是以在校国防生为主体的学生社团，成立于2010年3月。多年来，军星社举办了"十一"大型升旗活动，"践行强军目标，做新一代革命军人"主题晚会等多个特色活动，被评为中国科大"五星级社团"。

学生军星社在科大众多社团里独树一帜，社员以携笔从戎、强军报国为己任，堪称"红专典范"。军星社与国防生模拟营密切配合，开展军政训练，协同组织春季拉练、军政教育等。学生军星社以其独特的军旅国防情怀丰富着科大的校园文化，为科大增添了一抹浓浓的军绿和爱国红。

军星社举办国防生"中国梦 强军梦"主题晚会

树之表演艺术社

中国科大学生树之表演艺术社是由爱好表演艺术的学生自发组建的开展与表演艺术有关活动和交流的学生社团，成立于2002年，社名意为"在文化沙漠上竖起一面旗帜"。树之表演艺术社是丰富广大同学课余生活、提高同学们在表演艺术方面的素质的平台。主要活动有树之小剧场、"碧叶"专场和树之专场大型话剧演出。其中，树之专场在东区大礼堂

2016年树之专场大型话剧演出《阿翔》

举行，几乎每场都座无虚席。

学生相声社

中国科大学生相声社以弘扬中国传统曲艺艺术为宗旨，通过开展各种相声演出专场及参加各类晚会等演出活动，培养社员对相声曲艺艺术的兴趣与鉴赏能力，并发展提高喜爱喜剧表演艺术的同学们的演艺水平。自2008年建立至今，打造出了周年社庆专场、高校交流相声专场演出等精品活动。

2013年相声社周年庆典专场演出

漫说中国科大

文化

文化解读

"所系结合":传承中科院母体的优秀文化

许 武

优秀的校园文化是一所大学的灵魂,是大学引领社会精神、形成独特魅力的源泉,也是创建一流、持续发展的不竭动力。中国科学技术大学诞生于中国科学院母体,先天性地带来了研究所的优秀文化基因。中科院"科学、民主、爱国、奉献"的优良传统和"唯实、求真、协力、创新"的院风与科大艰难曲折的办学历程结合在一起,在科大的土壤孕育出独特的"科大精神"。

强国情结:"科教报国 乐于奉献"

中科院为我国的"两弹一星"和尖端科技发展做出了重要贡献,"科教报国"的精神首先发端于中科院的"两弹一星"功勋科学家。例如近代力学系首任系主任钱学森、化学物理系首任系主任郭永怀等等。郭沫若老校长所题写的校训"红专并进,理实交融",亦源于"科教报国"的精神。

科大创办最初的目的就是为"两弹一星"事业培养科技人才。在20世纪60年代,一大批科大毕业生直接被选派到西部,从事核武器和导弹的研究。他们中的绝大多数人默默无闻地为国家、民族奉献了一辈子,至今仍然留在西部偏远的基地工作。尽管我们不是军校,毕业生的总量也比较小,然而,我们有20多位校友在国防科技领域被授予少将以上军衔或相当职务。

直到今天,我们仍然在向国防科技战线继续输送优秀人才。我们的毕业生也在各个领域践行"科教报国"的理想。例如:"龙芯之父"胡伟武、"星光中国芯"工程总指挥邓中翰、"嫦娥一号"探月卫星光学成像探测系统指挥相里斌等等。科大毕业生之所以能够扎根边疆,不计个人得失,几十年如一日地默默奉献,甚至"献了青春献子孙",都源于他们在学校受到老一辈科学家强国情结的感染和激励,源于"科教报国"精神理念在学校的传承。因此,为国家、民族的振兴而奋斗,创造一流业绩,达到一流水准,从来就是科大人的历史使命。由这样一种强国信念所激发出的责任感与创造力,是持久的、强大的,更是科大人拼搏奋进、永不言败的动力之源。

科学精神:"民主 宽容 平等"

来自不同研究所的专家同时在科大授课,为科大带来了不同的学术观点和授课风格,使得科大逐渐形成了兼容各种学派和观点,倡导学术自由的良好风气和氛围。在科大,较少有论资排辈的现象,较少有学术门户之见,较少有学术压制,院士、专家的权威与青年才俊的闯劲并行不悖,相得益彰。科大的年轻学术骨干不受压抑,成长很快,这在很大程度上激发了创新思维,促进了创新实践,催生了创新成果。这也是科大搬迁到合肥之后,在地理位置、收入水平等不利因素的影响之下,仍然能够吸引一批优秀中青年骨干的重要原因。因为在科大,很多老教授非常乐于帮助年轻人,指导年轻人的成长,甚至甘愿为他们铺路。在这样的环境里,科大的年轻人才能够得到很多发展机遇,迅速成长起来。

创业精神:"勤奋踏实 追求卓越"

科大数学系首任主任、原副校长华罗庚先生有句名言,至今还刻在他的铜像下,那就是"聪明在于学习,天才在于积累"。在老一辈科学家的教诲和感染下,科大师生在异常艰苦的条件下仍然坚持对科学真理的执着追求,比较踏实地做学问。科大学生的刻苦用功在中国高等教育界异常出名,一直流传有"不要命的上科大"的说法。现在,很多到过科大校园的专家和领导都被科大这种宁静、勤奋的校园氛围所感染,由衷地称赞科大学风之浓厚,认为科大是真正读书、求学的地方。

正是由于"勤奋踏实、追求卓越"的优良校风,科大能够不受浮躁的社会风气的影响,不唯上,不跟风,坚持精品大学的办学理念,始终按照高等教育、科学研究的内在规律办学。

"爱校荣校"的情怀代代相传

无论是在科大创办初期,还是南迁合肥二次创业的艰难岁月,严济慈、钱临照、杨承宗等老科学家和一大批优秀教师与科大同舟共济、荣辱与共,与科大这片土地结成了独特的感情。许多老科学家将在科大办学作为自己人生最重要的一部分,将科大当成自己的孩子一样看待。他们这种情怀也传递给了自己的弟子,传递给了一代代科大人。"爱校荣校"成为科大校友最显著的特征,也成为科大创建一流大学最坚强的后盾。

(作者系中国科大党委书记)

温暖做人,光照四方

包信和

著名数学家、复旦大学老校长苏步青先生曾经盛赞科大的学子,他那"当好第一流大学的学生"的赠言题词至今仍然悬挂在科大校史馆里,这是苏老对科大学子的殷切期望。今天,同学们即将走出校门,你们中的大多数将从"第一流大学的学生"成为"第一流大学的校友"。什么是"第一流大学的校友"?我们又将如何无愧于"第一流大学的校友"这样的称号呢?

我履新以来,收到了许多来自世界各地科大校友的祝福和寄语。从这些寄语中,我深切地体会到,与其说是对新校长的期待,毋宁说更多的是对母校的关切和热爱。正是这份爱,让我深深地感受到来自"第一流大学的校友"的温暖:这里有中国科大历届校友们阳光向上、追求卓越的热情,有心系母校、心系创新、心系天下的家国情怀和社会责任。

亲爱的同学们,你们即将走出校门,作为临别赠言,我希望大家"当好第一流大学的校友",永远做一个温暖的人,一个心有大爱、光照四方,温暖自己与他人,温暖国家和社会的人。

温暖做人,就是做阳光向上的平和者。四年求学时光,学富五车的老师、志同道合的伙伴、精彩纷呈的社团都是美好校园记忆的组成部分,也塑造了同学们理性独立、敏学好思的性情品格。你们对于未来充满了期许和憧憬,但今后的人生道路难免会起起伏伏,希望大家在追逐理想的过程中,学会善待自己,保持乐观从容的心态,按照习近平总书记嘱咐的"要正确对待一时的成败得失,处优而不养尊,受挫而不短志,使顺境逆境都成为人生的财富而不是人生的包袱"。不论面对怎样的人生境遇,希望你们能得之坦然、失之淡然,保持心境平和,朝着梦想稳步前行。

温暖做人,就是做心怀感恩的正能量传递者。感恩是温暖做人的基础,有空多回家看看父母,珍惜和家人相伴的时间,用亲情温暖时光。今后,你们还将不断地结识新的同学、朋友和同事,大家既要学会与志趣相投的人合作,更要学会与意见相左的人共事。在坚守原则的前提下,多一些宽容,推己及人,用友情温暖人生。科大人除了潜心读书科研，一直热心社会公益，用自己的爱传递着温暖。科大研究生支教团自1999年成立以来，至今已派出了18批支教队、共119人，赴宁夏、甘肃等西部地区支教。在艰苦的条件下，他们不仅传授知识，更是为那里的孩子们开启了一扇了解世界的窗口，照亮了孩子们的希望和梦想。"爱心接力、薪火相传"，今天你们当中又有8名同学作为第19批支教队队员前往宁夏海原，赴这场千里师生之约，传递你们的正能量，你们是好样的，我要为你们点赞。

温暖做人，就是做兼济天下的光照四方者。古人云："受光于庭户见一堂，受光于天下照四方。"大学不是培养精致的利己主义者，而是要培养拥有家国情怀和强烈社会责任感的知识分子。温暖不仅是一种性情和为人处世之道，更是一种人生格局和理想选择。在我们科大的历史上，曾经有许多心有大爱、至诚报国的杰出校友。"两弹一星"元勋中唯一获得"烈士"称号的科学家、我校化学物理系首任系主任郭永怀先生，以及他的夫人、著名语言学家李佩先生就是他们中的杰出代表。上世纪50年代，为了发展我国自己的核技术，郭永怀先生应中国科大另一位杰出校友钱学森先生的邀请，历尽艰难回到祖国。当时，为了避免美国政府阻挠其归国，他毅然将自己没有公开发表过的所有书稿付之一炬。1958年4月，面对中国科技发展滞后、人才储备严重缺乏的情况，郭永怀先生与钱学森先生等老一辈科学家共同倡议创办中国科学技术大学，并成为化学物理系首任系主任。1968年10月，郭永怀先生从试验场地返回北京，在飞机不幸失事坠落的那一刻用生命保护了装有绝密核试验数据的公文包，壮烈牺牲，谱写了"爱在天际"的悲歌！李佩先生从悲痛中走出，坚持毕生教书育人，和李政道先生一起帮助中国第一批自费留学生走出国门，为我国培养了一大批优秀人才，被称作"中科院最美的玫瑰"。他们的行为诠释了在一个新时代中个人应该有怎样的责任与担当，应该有怎样的忠孝大义。今年4月5日，两位先生的合葬仪式在中科院力学研究所举行，"一对伉俪，两种传奇；怀瑾佩瑜，师表后继"，我们将永远铭记他们的大爱、大德。今天以后，你们中的大部分人将前往海外名校或国内的科研单位继续深造，待学成之日，希望你们承继郭永怀、李佩等科大先辈的爱国强国报国之志，将个人的事业发展和国家民族的前途命运相连，用自己的力量温暖我们的国家和社会。

亲爱的同学们，习近平总书记在考察中国科大时指出："中国科技大学要勇于创新、敢于超越、力争一流，在人才培养和创新领域取得更加骄人的成绩，为国家现代化建设作出更大的贡献"。这是总书记对科大人的期待，也是对科大人的鞭策。目前，中国正在朝着"两个一百年"的目标奋进，从实现中华民族伟大复兴的"中国梦"到构建人类命运共同体的中国愿景，中国科大承担着前所未有的历史使命。创建世界一流大学和一流学科，需要校内外、海内外所有科大人的共同努力，需要更多有知识、有能力、有信仰的青年人加入改革创新发展大业。不久前，我在就职典礼上曾经说过，要把中国科技大学这面鲜艳的红旗插上中国特色、世界一流大学的高峰。这面旗帜需要我们校内外、海内外所有的科大人共同托起。

同学们，校友是学校的品牌，你们代表着学校的前途和未来。希望你们牢牢把握时代机遇，秉承"红专并进，理实交融"的校训精神，温暖做人，光照四方，让蓬勃青春与家国情怀同频共振，让人生更加绚烂多彩。

（作者系中国科学院院士、中国科大校长。本文摘编自在2017届本科生毕业典礼暨学位着装授予仪式上的讲话）

回归常识　开启人生新篇章

万立骏

开学之际，我最想对同学们提出的希望就是发扬传统，回归常识，正本清源。

首先，希望同学们回归"做人立德"的常识。对立德修身的要求，是儒家经典《大学》最重要的精神。品德、修养、诚信、孝道、担当是为人处世的基本要求，是齐家治国平天下的基础。当代大学生应该是有知识、有文化的有德之士。希望大家谨记弘扬"红专并进，理实交融"的校训，把修身立德放在第一位，坚持"勿以恶小而为之，勿以善小而不为"，常怀友爱和仁爱之心，尊师敬友，助人为乐，爱人爱国爱科学，培养高尚的道德情操，做到德才兼备。

其次，希望同学们回归"读书科研"的常识。这个回归，就是在大学生活中不要太过功利。创造和传播文明，不谋私利，胸怀天下，历来是中国知识分子的传统美德，期待你们能发扬光大。这个回归，就是要把发现并解决科学和社会问题当成自己的矢志追求。我们学习知识，明辨事理，学会分析和思考；我们参加科学研究，培养科研能力探索自然奥秘，是为了"有所发明，有所创造"。这个回归，就是树立真正的创新观念和高远的人生志向。不要被社会上急功近利的观念和现象所误导和裹挟，不要把简单的改头换面、换汤不换药的研究当成创新，不要把常见的勤工俭学、摆摊卖串儿当成创业。

再次，希望同学们回归"自理和自立"的常识。各位同学从小到大很多事情可能是父母帮助或代劳的多，家人照顾的多。进入大学，应该告别之前可能的依赖，学会自理、自立和承担责任。看到一些同学勇敢地第一次独自出远门坐火车到学校报到，我感到很高兴，为你们自立的第一步"点赞"。在集体生活中，大家要养成良好的生活习惯，要做到学习好，身体棒。要重视仪容仪表，记住"一室之不治，何以天下家国为"的古训。要养成艰苦朴素的生活作风，常记"历览前贤国与家，成由勤俭败由奢"。要反对浪费，勤俭节约，不忘"一粥一饭，当思来之不易；半丝半缕，恒念物力维艰"。要积极参加社团和各种社会公益活动，体会自立、责任和感恩的内涵，为将来贡献社会做好准备。

最后,我希望同学们回归"独立思考"的常识。大学旨在培养"独立之人格,自由之精神"。要形成独立之人格,独立生活是物质基础,独立思考是精神内核。你们要保持头脑清醒,不冲动,不跟风,不"人云亦云",不断提高分析问题和解决问题的能力。要保持批判和质疑精神,不读死书,不迷信书本,努力通过独立思考,不断取得创新性成果。要学习历史,了解社会,明辨是非,捍卫真理,做中华文明回归和社会发展的先锋。同时,行胜于言。在独立思考,坚持真理的同时,还要把理想付诸行动,将你们的聪明才智贡献于祖国发展之中。

(作者系中国科学院院士、中国侨联主席,曾任中国科大校长。本文摘编自在2015级本科生开学典礼上的讲话)

校训是大学熔炉的精髓所在

侯建国

我是1978年考入科大的，当时科大是全国青年学生热切向往的科学殿堂。这当然不是因为科大当时的条件最好、师资最强，恰恰相反，经历了"文革"期间从北京迁往安徽合肥办学的惨重损失，学校的师资队伍、办学条件都处于极其薄弱的境地。围墙到处是缺口，农民家的牛经常踱进校园悠闲地吃草。当时学校副教授以上职称的教师数量，远远少于诸多名校，甚至连同城的安徽大学都不如。但在科学春天的大环境下，校园里充满了崇尚学术、追求知识、向科学进军的激情，科大人以首创少年班、研究生院，在高校中建设第一个大科学工程等一系列创新举措，赢得了广泛的社会声誉。可以说，创新在科大50多年办学历程中无处不在，它已成为科大文化中最为显著的一个标签。

不过，创新作为一种外在的表现形态和行为特征，并非无源之水无本之木，而是有着深刻的内在驱动力。我认为，科大人的创新精神源自对办学使命和理念的坚守，源自一种文化的自信与传承，而这个办学目标和理念就集中地体现在科大的校训"红专并进、理实交融"中。

科大的校训源于首任校长郭沫若作词的科大校歌《永恒的东风》。1958年建校之际，首任校长郭沫若亲自起草校歌歌词，还请吕骥先生谱曲并到校教唱。从此，"迎接着永恒的东风，把红旗高举起来，插上科学的高峰""又红又专，理实交融，团结互助，活泼英勇"的雄壮激越的旋律，就一直回荡在一代代科大人心中。

用今天的话来讲，校歌里所唱的就是科大人的"中国梦"——创新报国，把红旗插上科学的高峰！而"红专并进，理实交融"则是科大人实现这一梦想的方法论。"红专并进"强调品行操守与业务技能的相得益彰，"理实交融"强调理论与实践的紧密结合。我想，这正是塑造德才兼备、素质全面的创新型科技人才所必备的两大基石，也是新时期培育和践行社会主义核心价值观的题中应有之义。

当然，也有人对科大的校训不以为然，认为它的年代色彩太浓，但我想任何一所大学都会与生俱来地打上时代的烙印，这正是校史的真实面貌。更何况这八字校训中所阐释的科大人的价值追求、办学理念，在办学实践中一以贯之，从来就未曾改变，它已经深深融入科大的文化血脉中。

回顾科大的办学历史，第一代科大人是当初创办科大的郭沫若、华罗庚、钱学森等科学大师和周恩来、邓小平、聂荣臻等开国元勋，他们为学校注入了求实创新的科学精神和强国报国的革命情怀，是科大校训的奠基人；第二代科大人是在科学报国精神熏陶下成长起来的早期青年教师和毕业生，是科大校训承上启下的关键，他们在我国科技、教育、国防等领域做出了杰出贡献，两次获得国家自然科学一等奖的赵忠贤院士就是这一代科大人的典型代表；第三代科大人是改革开放年代意气风发的新生代，他们不仅深受校训精神的熏陶，而且更具有广博的国际视野，在国内外学术、经济、金融、IT等领域群星灿烂，如潘建伟、杨元庆、庄小威、邓中翰等。

可见，科大的校训并没有因为它的时代印记而褪色，它所阐释的把国家和民族的事业永远放在心上的报国之情，在任何困难条件下永不服输的自强精神，学术优先、追求卓越的创新精神，50多年来深深地镌刻在一代代科大人的心中，已经成为科大人核心价值体系的重要组成部分。

有这样一个说法：一个人有两个出身，一个是家庭的出身，另一个是大学的出身。这说明大学在人的一生中所烙下的印记是非常深刻的，大学的经历影响人的一辈子。好的大学实际上是人生的熔炉，一个人的世界观、人生观、品德修养、待人接物的行为方式等，往往是在大学阶段基本成型的。这正是世界著名大学受人尊敬和景仰的根本原因，因为每一所著名大学都有它独特的文化个性和传统，是一个特定的熔炉——校训，就是大学的精髓所在。

（作者系中国科学院院士、中国科学院党组副书记，曾任中国科大校长）

我们的品牌就是中国科大

赵启正

毕业50年了，当我们5801的同学集体坐火车回到母校所在地合肥时，在火车站迎接我们的几位年轻校友说："欢迎各位师兄师姐回母校！"一下子让我们觉得很温暖。其实，我们有些师兄和师姐的孩子都近50岁了。我说："你们不觉得我们这些师兄、师姐年纪太大了吗？"他们说："不大！"真是很感谢他们，让我们一瞬间感觉年轻了几十岁。

在北京，我们朋友间常常会说："我们到了这个年龄，虚心也难进步了，骄傲也不会落后了！"那么，你们会问"你们还有梦吗？"是的，我们还有梦，就是希望中国科大更好。

我们工作50年了，每当填履历表或是别人在某些场合介绍我们时，"中国科大毕业"总是一个关键词，对，我们的品牌就是中国科大。就像汽车品牌，有奔驰、宝马、红旗，无论走到哪里仍旧是奔驰、宝马和红旗。我们无论走到中国或世界的任何地方，我们的品牌总是中国科大！We are made in USTC，我们终身以此为荣！

那么，中国科大怎样会更好，更上一层楼？刚才侯建国校长讲得很清楚了，我们全力支持。我只想加一句话，希望小师弟、小师妹们，再加一把劲儿，有意多学点儿自己专业之外的学问，多多培养自己的人文素养。我们5801原来是学核物理和核工程的，是典型的理工科出身。当年我们读书时，科大还没有文科，我们少有机会接受文科教育和倾听人文讲座。许多年来，当我们面对世界、面对社会时，深感我们的观察和应对往往太过"唯物主义"了，像万用表、像示波器、像谱仪，容不得一点含糊。其实，这给自己带来了某些片面性和某些不顺利。这与我们缺乏人文教育和文史哲思考能力是有关系的。

我曾在一些场合，对年轻的大学生说过："如果你30岁的时候，有40岁的智慧，你这一生可能就是成功了；如果你30岁的时候，只有20岁的智慧，恐怕就不容有多少成就了。"这句话曾在书上和网上有所传播。有两位30岁左右的女士曾问过我："读了您这句话，我一夜没睡。自己30岁到底有多少智慧？我该怎么办?"我说,虽迟,胜于不为。也许有三个途径可帮助你获得超过年龄的智慧:第一,与长者交流,他们可以用较短时间告诉你他们一生的挫折或重要心得;第二,读好书,读与你的主业差异比较大的好书。好书或由别人推荐或自己去发现;第三,如果你的头脑是个跑马场,不要老跑大学者的学问和名人名言,也要跑跑自己的思想。思想常常跑动,就是"自己与自己交流",你的智慧就会成长得很快。

所以,我希望我们的学弟学妹们,能够提高与人、与书本交流的本领,不仅"理实交融",还能"文理交融",如此就能更上一层楼。

最后,虽然我们虚心也不会进步了,但你们虚心必会进步,祝你们进步再进步!

(作者为1958级校友,曾任国务院新闻办公室主任。本文系作者在2013年校友值年返校纪念大会上的发言)

科大的创新基因生发出无穷的力量

邓中翰

我是1987年由江苏南京考入中国科大的,学号是8707003,这是母校给我的永远的印记。至今我仍能清楚地记得拿到科大入学通知书时的激动心情,因为科大在我们心目中的地位是独一无二的,她是国家最高的科研机构中科院举全院之力创办的大学,有那么多著名的科学家近在咫尺地传道、授业、解惑,不愧为科学家的摇篮,创新人才的摇篮。上科大意味着有机会接触到最前沿的科研课题,接触到中国最知名的科学家。

50多年来,中国科学院独具特色的创新理念和创新办学思维造就了一代又一代具有创新意识的科大人,科大已经走出了一条"精品大学、英才教育"的内涵式发展之路,被誉为"科技英才的摇篮",在国内外享有盛誉。

"科教结合"的新型办学模式,使得学校的每个系都和中科院相关研究所对口合作,把最新的科技成就和前沿课题介绍给学生,极大地拓宽了学生的学术视野,也为学生们构建了一个得天独厚的高起点的平台。这种创新的教学模式培养了科大人勇于创新的精神,使得我们在进入校园时,就被植入了创新基因。

入校后,我更加深刻地体会到这种"科教结合"的办学模式,以及科大鼓励创新的办学思想,在求学过程中真切地感受到老师们不仅仅把我们当作学生,而且当作科研的伙伴。由于在大学期间积极参与到科研工作中,在重要刊物发表过文章,并在全国大学生"挑战杯"大赛中获奖,我毕业后被美国加州伯克利大学录取,攻读博士学位,并用了5年的时间,拿到了电子工程学博士学位、物理学硕士学位和经济管理学硕士学位。

1999年,我应邀回国创建中星微电子,领导并实施"星光中国芯"工程,致力于数字多媒体芯片的开发、设计和产业化。多年来,无论是突破八大核心技术,申请2000多项国内外专利,还是成功实现产业化,彻底结束中国"无芯"历史;无论是"星光中国芯"全球累计销售突破一亿枚,还是我们给世界上几亿台电脑装上了"眼睛",让全球数亿人享受网络视频通信;无论是荣获国家科技进步一等奖,还是当选为最年轻的中国工程院院士,我都深深知道是什么在推动着我一路前行,那就是科大为我植入的创新基因,那就是科大为我植入的创新基因生发出的无穷力量。

(作者系中国工程院院士、中国科协副主席、中星微电子董事局主席、1987级校友)

没有一个同学敢一个星期不看书

吴 奇

当年在科大念书的时候，大家都很刻苦，所以我跟现在的同学们，包括香港的同学们讲，他们都很不理解。他们问我：Do you have any fun？就是说你们有没有乐趣？回想一下，大学时好像没有其他任何东西，每天早上起来就是去食堂，吃完饭马上就去教室，还要占位置，要提前半小时才能坐第一排，都争着去坐第一排。现在我教书，发现学生都喜欢去最后一排。我们当时喜欢坐第一排，因为坐第一排不容易受到其他同学的干扰。当时，大家去得都很早，甚至有先把书包放在教室，再去食堂吃饭的。中午吃饭后就做实验，当时化学物理和生物物理专业是整个科大实验最重的两个系。为什么呢？因为我们要跟化学系的一起上课做实验，还要跟物理系的一起上课做实验，所以我们要上两个系的课，做两个系的实验。到了晚上，基本上就是做作业，所以我到了科大，才真正体会到中国的一句成语，就是"逆水行舟"。我可以讲，没有哪一个同学敢一个星期不看书。

科大的氛围是比较宽松的。当时马老师教我们激光化学，他告诉我，你可以不学这门课，如果你以后做激光化学的话，以后再学这门课也不迟；如果你不做这个，那你学这门课一点用都没有。当时我对电动力学这门课感兴趣，但是这门课，我们化学物理系是没有的，是在近代物理系。我非常想学这门课，就和给我们上物化的老师商量，说我可不可以不来听课？老师说没问题，你就不用上课了。我说我保证做作业，因为我是课代表，我保证把作业收完交给你。但是我不来上课，我只交作业参加期中期末考试，老师就同意了。我想这在很多学校是不可思议的事情，我不知道今天会不会。所以我现在当老师，你不来上课，你能通过，你是最好的学生。我现在都给学生两个选择，一个是作业40分，期中20分，期末40分；还有一个选择是你不交作业，只参加期中、期末考试，这样就是期中期末分别占30分和70分，因为有些学生他能学好，也不需要来交作业。

（作者1982年毕业于中国科大化学物理系，现为美国物理学会会士、中科院院士、香港中文大学教授、中国科大化学与材料科学学院教授）

科大同学的眼神就是一种希望

蒋 华

记得科大40周年校庆时,科大校友在哈佛大学的燕京礼堂组织了一个庆祝活动,邀请菲尔兹奖得主丘成桐教授做嘉宾。我在主持的时候问他对科大的定位和看法。他说:"严格讲啊,在中国只有一所学校和MIT是等同的,那就是中国科大。"他对科大的评价不是随口说的,他有好几位科大的学生,他说科大的学生和别的学生不一样,一个共同点就是勤奋。我想,中国最杰出的几所大学的学生,聪明程度都差不多,但在勤奋这一点上,科大学生更为突出。

我看了一些统计,科大的毕业生中平均一千人出一名院士。院士里面学物理的比例更高一些。今天听报告的有300多位学生,所以,你们当中应该会诞生一名院士。在别的学校没人敢说这话,"千生一院士"是科大最好的名片。

前年我和几位老校友张树新、周全等,在北京准备搞一个基金帮助科大,改变科大的目前状况。周全说他曾经对科大失去信心,但是回了一趟科大,感觉就完全改变了。周全是我们国家风险投资第一人,据说最近出来的全国风险投资排名前50位里,他是排在第一的,他最早在中国做风险投资并做得最大。他说他回安徽考察一个企业,顺便回了趟科大,觉得有些震撼。他说在北京待了这么些年,清华北大的学生接触很多,一到科大,感觉完全不一样,找到了几十年前的那种感觉。他说从那些学生的眼睛中能够看出一种很淳朴的光亮——这就是中国的希望,然后就觉得要为科大做点事。这些措辞可能有些夸张,但是我觉得他非常地重感情,是发自内心的。

所以说,不到头破血流,不要放弃!在座的每个同学以后会经历各种各样的人生,我相信你们都能够成功,你们不会为上科大感到任何的后悔!

(作者1982年毕业于中国科大物理系,现任波士顿应用科技公司董事长和首席执行官、三联集团执行总裁及三联科技集团总裁、留美华人企业家联合会副理事长、中国科大客座教授)

官本位是没有市场的

李 定

科大每年要开一次教代会，每次教代会都有一个内容，叫大会质询，也就是教职工问校领导问题，老师提出一个问题，学校领导必须很认真地进行回答，就像答记者问一样。在科大，官本位是没有市场的。因为科大的传统就是强调教学科研，强调学术的东西，所以你要从事管理，你就是要奉献，因为它会影响你的生活，会影响你的收入，甚至会影响你的声誉。我当年做系主任的时候，有一位老先生就问，你为什么要去当官呢？

另外，做管理也意味着会从批评者变成被批评者。1997年我回到科大，第一年我是一个普通的教授，想批评谁就批评谁，没人阻拦。作为普通的老师，你可以提意见，你可以批评校领导，你甚至可以当面批评，没事的。我1998年做了系主任以后，情况就变了，我还可以批评领导，还可以给校领导提意见，但对系里面的老师我就要很小心，做什么事情就得说，某某你能不能帮帮忙，我就得去求他了，所以关系就不一样了。到后来当校长助理、当副校长的时候，谁也不敢批评了。有一次，我搭一位学院院长的车到市里去。我们刚在一起开完一个会，要分流一些人员到相关专业的学院去。一上车他就开始跟我发牢骚，开始批评我，你不应该这样，不应该那样。他批评我，我只能跟他解释，不能跟他对着干。因为从管理上来说，我是他的头儿，我必须听他抱怨。抱怨完了以后，在我下车之前，他说，对不起，我刚才说了你那么一通，这个事情既然学校已经决定了，我还是会服从的，只是觉得这样做不合理，你下车吧。

就这么简单，在科大就是这种文化，我不会生气，也不会抱怨。这就是科大的文化。

（作者1983年毕业于中国科大近代物理系、中国科大教授，曾任中国科学院监审局局长）

理性思维的训练至关重要

张树新

我离开科大的时候,是不太喜欢科大的,我当时痛恨没有坚决地去北大。因为我是想去北大的,我高中的学校不让我去,我父亲也不让我去,所以我只好来科大。我觉得我念了几年科学,还是不喜欢科学。我要是去了北大就很容易转系,在科大没的转,当时只有9个学科,现在还有人文学科,那时根本没有。另外呢,我觉得其他所有的学校都念四年,为什么我们要念五年?要不就早一点嫁人了哈。

过了十年以后,虽然我可能已经把化学元素周期表还给老师了,都记不全了,那些知识我可能都不知道放到哪去了,但当你面对一个事情时,会发现你有一个非常清晰的逻辑判断。我们公司的很多人都跟我辩逻辑,后来我发现这原来都是数理基础练出来的,像做一道证明题,因为所以,ABCD,完全是一个思维方式。有的孩子考大学,问该学什么?或许有人说,学金融。本科学金融,他会懂吗?还有人说学经济管理,真是蛮奇怪的。我觉得现在大学的学科设置有点问题,你如果想学金融,本科的时候建议你去学数学;如果你真的想去学管理,那你本科还不如学物理、化学、计算机、信息,都可以。其实你要真做了管理,你这个做技术的要做TEAM LEADER了,这时候再去学管理什么都来得及。在十几岁到二十几岁这个成长过程中,理性思维的训练是非常关键的。

科大精神到底是什么,我觉得仁者见仁,智者见智。从我个人来讲,非常高级的理性思维方式是非常重要的一点。有一次,有一个人特别较劲,一直在那讲逻辑,我后来问他,哪里毕业的?他说毕业于科大,其实那完全就是思维方式,跟数学没有关系。我们每天面对太多的事情,商业也好,人生也好,我当时做一个公司的时候,其实不懂技术,我们那个技术部门每天"打架",他说用UNIX,他说用NT,还有人说用这个那个,我可以在那听,听完之后发表评价。为什么呢?你有一个方法,你知道什么是最重要的。所以我曾经有一个笨的办法,每天早上把所有问题列在纸上面,到晚上打钩。每个问题都排序,听起来很像一段程序。我想,如果把思维方式调整成这样,会让你的工作效率提高许多,做事的方法会非常直接。所以我要感谢学校,在我的五年里,在这个很关键的时期,培养并形成了我的思维方式。

(作者1986年毕业于中国科大应用化学系,现任联和运通控股有限责任公司主席,兼任互联通网络有限公司董事局主席)

名师大爱

郭沫若校长爱生如子

郭沫若校长是国内外的知名人物,又担任许多重要领导职务。1958级同学私下议论:"郭老兼我们的校长,他工作那么忙,我们能常见到他吗?"有的说:"见不到也没关系,只要毕业证书上有他的大印也就满足了。"谁知开学后不仅经常听到他的演讲和诗歌朗诵,还时常看到他在学生食堂与大家一起就餐,有几回甚至亲自给学生打饭。

1959年寒假,由于时值困难时期,绝大多数同学都没回家。除夕,郭沫若等校领导和学生一起吃团圆饭。饭后,学校举行联欢晚会。演出前,郭校长笑容满面地走上舞台,双手合拳高拱,从东到西连连给师生员工作揖拜年。大家都激动地站起来,热烈鼓掌,高呼"向校长拜年!"随即,校党委书记郁文宣布:"郭老把他刚收到的《沫若文集》稿费两万元捐赠给学校,其中大部分用于补助生活困难的学生。为使同学过好年,郭校长提议发给每人两元,一元入春节伙食费,一元发到学生手中,作为'压岁钱'。"

1960年的期末考试期间,学校食堂伙食有了明显改善,连续好几天,同学们的中餐都能吃到黄羊肉炖萝卜、炖土豆。后来,同学们多方打听,才知道原来是解放军将在东北捕获的一批黄羊送给了科大的邻居——解放军政治学院,郭老知道后,"走后门"要了一些给同学们改善伙食。

1961年"五一"节,各系在学校大操场及校内空地围成圆圈联欢。同学们兴高采烈地唱歌跳舞,郭校长和其他校领导走走停停,一个系一个系地观赏表演,看到精彩表演,他便脱下布鞋垫在地上坐着,并一再摇手不让工作人员去搬椅子。

为丰富学生的文体活动，郭校长捐款为学校修建游泳池，给学校购买放映机和影片，请全校师生免费观看自己创作的历史剧《蔡文姬》，还把国外友人馈赠的礼品转赠给学校。

郭沫若任中国科大校长20年，对学校感情特别深厚。逝世前，他将生前积蓄的15万元稿费交给中科院党组，希望用来发展祖国的科学事业。经院党组决定，国务院批准，从1980年起，这笔稿费用作在中国科大设立"郭沫若奖学金"。这是中国科大学生的最高荣誉，也是全国第一个以个人名义设立的奖学金。

严济慈和他的"掌上明珠"

科大人都知道，严济慈多次把中国科大称为"我的掌上明珠"。1991年12月26日，科大国家同步辐射实验室通过国家验收。90高龄的严老冒着鹅毛大雪参加验收会，会上他深情地说："我今年已经过了90岁，很少出远门，但是我特别喜欢来安徽，回科大。到科大，我就觉得年轻多了，因为中国科大是安徽省和全国人民以及中国科学院的骄傲，也是我的掌上明珠，我每次来都看到她放出新的光彩。"

1993年9月，中国科大35周年校庆，严老再一次亲临学校。学校办公室起草严老在校庆大会上的讲话稿，严老对文辞修改不多，只是特别增加了"掌上明珠"一段话。于是，20日那天的校庆大会上，很多科大人再一次被严老那带着浓重的东阳口音的话语所感动："建校35年了，我一直看着她成长，像自己的孩子一样，一天一天长大，一点一点成熟起来，越来越有出息，成为我的掌上明珠，我心里有说不出的高兴。"科大人深深感受到严老视科大为"自己的孩子"的那种执着与深情，报以经久不息的掌声。

就在这天的会上，严老还高兴地说："从1988年校庆30周年到今天，整整5年时间了，5年里，我是第三次来科大。来到科大，我觉得自己年轻了许多，好像不是93岁，而是63岁。"而在此前的1986年校庆28周年时，严老也曾说过类似的话："我年纪大了，很少出门，可是最近8年到科大来了8次，合肥成了我的第二故乡。"这就是说，作为耄耋老人，严老在1996年逝世之前，竟然不辞辛劳，十多次回到"自己孩子"的身边。

"为什么我的眼里常含泪水？因为我对这土地爱得深沉。"当代著名诗人艾青是这样诠释爱的。严老将科大视为"掌上明珠"，让我们懂得了，最深挚的爱总不会是无缘无故的，也不会是轻描淡写所能获得的，必须伴随着全心全意毫无保留的付出——在付出中升华情感，在付出中积淀深沉。

刘达：非常年代 非常英雄

1964年，刘达接替郁文，成为科大第二任党委书记。很快，"文革"爆发了，他被停职、打倒，戴上高帽，挂着黑牌，游街示众，过上了住牛棚、扫马路、清理厕所的苦难生活。在王震同志的干预下，1972年，刘达获得"解放"，官复原职，直到1975年离开科大。算起来，在科大的11年里，刘达实际在位时间只有短短5年。

就在这短短的5年时间里，刘达做了两件大胆的事情：一是搞了一次效法西方大学的教学改革；二是召回"文革"中毕业的科大学生"回炉"再培养。

头一件始于1965年。当时中国大学全面效仿苏联模式，人才培养模式僵化，缺乏生机。在刘达的推动下，科大大搞"自由化"，引进西方学分制，在规定学分外，学生可在全校自由选修任何课程，并实行弹性学制，允许跳级、单科升级和提前毕业。与此同时，强调外语教学，要求学生必须掌握两门外语才能毕业。还要求一些课程不限于苏联教材，而直接采用美国教材授课。这些举措大大调动了学生学习的自主性、积极性，使得科大原本就有的"勤奋学习"的传统更加蔚然成风。只可惜，时间不长，"文革"的风暴便席卷了大学校园，这场极具前瞻性的教改也随之半途而废，并遭到严厉批判。

后一件始于1973年。科大经历了南迁重建的挫折，不但仪器设备损失殆尽，更严重的是，在北京时科大的教师队伍主体是中科院各研究所的科研人员，而这批高水平的师资大多没有随学校南迁。于是，重新出山的刘达一方面重建数理化基础教研室，顶着压力支持校内部分年轻教师开展科学研究，另一方面从全国各地物色调入了200名教师。同时，他还把眼光投向了"文革"前考进科大却因"文革"而提前离校的这批学生，下令开办"回炉班"，重新召回补课，完成学业。到1975年，一共在全国范围内挑选了300多名1967届至1970届毕业生回校进行培训，他们大多在"回炉"后被充实到师资队伍中。"回炉班"很快就被当成"右倾复辟"的典型，而受到严令禁止，甚至有人逼迫刘达签署文件将"回炉生"退回原单位。无休止的围攻、批斗终于使他病发，无法视事。1975年，刘达黯然离开科大，被调往北京，1977年出任清华大学校长兼党委书记。即便在清华期间，刘达还多次亲自写信、推荐，帮助不少散落各地的科大毕业生回到母校。

刘达在科大做的这两件事,头一件虽然没能收获果实,但其中蕴含的教育思想却在科大产生了持久影响,并在改革开放后重新萌芽、开花、结果;后一件虽然也没能善始善终,但已经召回的300多名"文革"期间毕业生,在经过"回炉"重锻后,迅速成长,成为科大自己生长的师资队伍的骨干力量,至今都发挥着重要的作用。

钱学森：你们发了"科学洋财"

  1958年秋冬，力学系成立了以学生为主体的火箭研制小组。没有厂房，就在新搭建的几间简易活动房内活动，加班熬夜成为家常便饭。那种艰苦创业、顽强拼搏的精神，颇像我们国家搞"两弹一星"的那股劲。也不奇怪，搞大火箭和小火箭都是由钱学森先生指挥和指导的，只是后者还增添了育人的色彩！就这样，在我们入校百天之内，就把长约1米、箭体直径约10厘米的双基药，使用自己设计和加工的钢制超音速喷管、铝制外壳的小火箭，发射到约5000米的高度。

  钱学森先生参与并指导了火箭小组的工作。当他知道我们取得的初步成绩，并了解了小火箭的设计、加工情况后，高兴极了。他半开玩笑地对我们说："你们的路子走对了，简直是'发了科学洋财'。"他多次与火箭小组座谈，指导小火箭的研发工作，有时在简易房，有时在系办公室。1960年2月28日的一次讨论中，一位专家建议，为了降低成本，可以考虑将使用的超音速喷管由钢制改为水泥制或陶瓷制。那时全国都提倡"土法上马""土洋结合"，但钱学森先生对这个意见明确表示不赞成，他说："该洋的地方还是要洋嘛！"他反对跟风，反对人云亦云，而是实事求是，以科学为依据。

  火箭组的工作到了1960年已相当深入。那时我们已使用长余辉示波器测量和分析发动机壁所受应力情况，用自己研制的弹道摆测量发动机的推力，请解放军空军雷达部队协助，用雷达观测火箭发射情况与发射高度，用自动弹射出降落伞的方式，成功地回收小火箭。为了提高小火箭的射程，还研制出双级火箭。

  小火箭的研制较为成熟后，便开始与中科院地球物理所人工控制天气研究室及中央气象局合作，以它作为运载工具，把降雨催化剂带到云中炸开散播，用来人工降雨或增雨，或者消除冰雹。1960年夏天我们曾驻扎在北京八达岭长城附近的山地，住在自己搭建的帐篷中，连续做过两个月的人工降雨试验，取得了较明显的效果。与此同时，力学系火箭小组还派遣了一支小分队，前往甘肃兰州地区用小火箭作为运载工具，进行人工消除冰雹的试验，同样收效良好。之后不久，中央气象局等单位曾成百支地向我们下订单；一些新闻媒体也纷纷来校采访报道。苏联科学院通过中国科学院向我们索要样机，我们很郑重地向他们赠送了一支单级火箭和一组双级火箭的样机。

郭永怀：国家利益高于生命

1999年9月18日，在表彰为研制"两弹一星"做出突出贡献的科技专家大会上，江泽民同志饱含激情地说："他们的英名和功绩，将永远与'两弹一星'事业的丰功伟绩融为一体，记载在中华民族的光辉史册上。"同日，中共中央、国务院、中央军委发布决定，对23位"两弹一星元勋"予以表彰。在追授"两弹一星元勋奖章"的7名功臣中，有一个为许多人感到陌生的名字——郭永怀。

1958年，郭永怀先生与钱学森先生等负责筹建中国科大力学和力学工程系、化学物理系，并出任化学物理系首任系主任。

1959年6月，郭永怀临危受命，与王淦昌、彭桓武形成了中国核武器研究工作最初的"三大支柱"。

1960年，中央决定自行研制核武器后，105位科学家组成了一支特殊的科研群体。郭永怀担任了九院的副院长，主管力学部分，并负责武器化的设计指导。1963年，他与科研队伍迁往青海新建的基地，在恶劣的自然条件下经常风餐露宿，解决了许多重要的动力难题，被戏称为核研究领域的"三尊大菩萨"之一。

1968年12月4日，郭永怀在试验中发现了一个重要线索。他要急着赶回北京。5日凌晨，飞机在首都机场徐徐降落。在离地面400多米的时候，飞机突然失去平衡，偏离跑道，歪歪斜斜地向1公里以外的玉米地里一头扎了下去——只听"轰"的一声，飞机前舱碎裂，紧接着，火焰冲天而起……

迎接郭永怀的人们从惊骇中醒过来，急忙向出事现场飞奔过去。当辨认出郭永怀的遗体时，他往常一直穿在身上的那件夹克服已烧焦了大半，他和警卫员牟方东紧紧地拥抱在一起。人们费力地将他俩分开，才发现郭永怀的那只装有绝密资料的公文包安然无损地夹在他们胸前……同年12月25日，中华人民共和国内务部授予郭永怀烈士称号。1985年，郭永怀又被补授一项"国家科学技术进步奖特等奖"。

2003年9月18日，郭永怀先生夫人李佩教授将郭永怀的"两弹一星元勋"奖章捐赠给中国科大，在校史馆永久珍藏。为纪念郭永怀先生为我校做出的贡献，2003年，学校设立"郭永怀奖学金"。2007年，李佩教授向"郭永怀奖学金"捐款30万元人民币。

力学大师郭永怀

华罗庚："弄斧到班门"

华罗庚先生的治学精神和人生态度，集中表现在他的名言警句之中。

1958年学校创办，华罗庚任数学系主任，亲自为58级学生讲授高等数学课，被称为数学系三"龙"之一。他一贯倡导"从薄变厚，又从厚变薄"的读书治学方法。"由薄到厚"是学习、接受的过程，"由厚到薄"是消化、提炼的过程。

华罗庚多次讲过"天才在于勤奋，聪明在于积累"，1980年3月他给别人题词："苦干猛攻埋头干，熟能生出百巧来。勤能补拙是良训，一分辛劳一分才。"华老所取得的成就也是通过他不断地努力得来的：尽管他是天才，他仍然勤奋了一生！

华先生鼓励年轻人做学问要勇于和强者较量，认为应该"弄斧到班门，下棋找高手"。他说："你要耍斧头就要敢到鲁班那儿去耍。在旁人面前去耍，欺负人家干啥？你到鲁班面前耍一耍，如果他说你有缺点，下回就会好一点；他如果点点头，说明我们的工作就有相当成绩。俗话说，下棋找高手。找一个比你差的人，天天在那里赢他的棋，赢得每天哈哈大笑好不好？好是好，但你的水平提不高。如果你找高手下，每一次都输给他，输这么半年下来，你的棋艺能够没有进步吗？所以我主张弄斧到班门，下棋找高手。"

另一方面，他又强烈主张不迷信权威，"只是跟着别人的脚印走路，那就总要落后别人一步"，"在科学研究中最主要的精神之一是创新精神"。他多次讲过，要做出好的文章，关键是要有几手自己的"招路"和"拿手好戏"，别人都不如你，这样你才能做出新的东西，人家才注意你。

赵忠尧：建造中国第一台加速器

中国科大至今仍保存着由赵忠尧先生主持建造的中国最早的加速器——70万伏质子静电加速器。这台加速器为我国原子核科学事业的起步和培养核物理研究人才做出过重大贡献。

被周培源教授称为"我国核物理的鼻祖"的赵忠尧，为建成中国的加速器梦寐以求，历尽艰辛。1927年，赵忠尧留学美国加州理工学院，师从该校校长、1923年诺贝尔奖获得者密立根教授。由于出色的研究，他的毕业论文得了优等。1930年代，赵忠尧学成归国后任教西南联大，和张文裕等准备在国内开展核物理研究。起步阶段需要建造一台加速器，他们跑了两年杂货摊，除了找敲水壶的工匠做了一个铜球，搞到一点输送带，做了个架子，其他一无所获，最后在战乱中不得不放弃这个多少有些天真的计划。

1946年夏，美国在太平洋进行原子弹试验，赵忠尧受中央研究院推荐，作为中国唯一的科学家代表去参观。此后，他在美国，利用中央研究院汇去的少量经费，购买国内难以买到的加速器部件，连同几年来先后采购的实验器材，准备运回祖国，以实现他20年前的那个梦想——正负电子对撞。

新中国成立后，赵忠尧利用1949年至1950年底中美之间短暂的通航时期，设法将30多箱器材托运回国。1950年6月，赵忠尧登上威尔逊总统号，从洛杉矶启程，历尽艰辛于1951年初回到北京，供职于中科院近代物理研究所。此后，他肩负开创中国核科学研究的使命，利用千辛万苦从美国运回的器材建立了我国第一个核物理实验室，并于1955年建成我国第一台加速器。

1958年，赵忠尧先生负责筹建中国科大近代物理系并任系主任。他精心挑选师资，具体落实课程设置、教学大纲和专业教材，亲自编写讲义，讲授"原子核反应"课程，并将1955年建成的加速器运到学校进行实验和培养人才。

钱志道：热心创造

1935年，钱志道先生毕业于浙江大学化学系。1937年奔赴延安，受命组织兵工生产，历经千辛万苦，奇迹般生产出大量化工品和枪弹。1944年"五一"节，被授予"特等劳动英雄"称号，毛泽东主席为他亲笔题词"热心创造"。《解放日报》称赞"模范工程师钱志道创立边区基本化学工业"。1955年，钱志道当选为中国科学院学部委员。

1965年至1978年，钱志道任科大副校长，人们发现，他很少在办公室露面，老是在实验室、教研组和学生中间转。他凡事能自己动手，决不要别人代劳。他得知秘书是本校无线电系毕业生，便说："我这里没多少事，你到系里兼门课，不要把业务丢了！"用人单位反映学生动手能力较差，钱志道决定压缩课时，增加实验室，变教师"演示"式教学为学生"动手"式教学。他认为，大学生没有独立的科研能力，将是永远长不大的孩子。在他的倡议下，激光化学、材料工程、低温物理、天体物理等系科专业和科研机构相继在科大设立，后来在国内外学术界产生重要影响。为筹建化学楼，他跑批文，要经费，建设中不时深入施工现场。

20世纪70年代初，科大从北京搬迁至合肥，钱志道带头交出在北京的一套小楼。到了合肥新址，再挤也不会少了校长的住房，他却主动和钱临照教授合住一个单元。钱志道从不表白自己在战争年代的辉煌经历。钱临照院士在回忆文章中说："70年代迁到合肥，科大住房紧张，我与志道两家蜷居于一单元内，朝夕相处，笑谈如在目前。他唯独不谈在延安为革命所做的贡献。毛主席题词，初尚藏于箧中，及后为人所知，乃以示人。"原来，是红卫兵抄家时在钱志道的箱底发现了毛主席题词。当时大家都惊呆了，他们眼中的"走资派""反动学术权威"原来是特等劳动英雄!

1978年，钱志道参与创办我国第一个研究生院——中国科大研究生院，任副院长。在研究生院工作期间，中科院让他在"部长楼"里挑一套五六间的住房，他却只要了一套三居室，住到逝世。住所离学校较远，每逢下班回家，他都请年迈体弱的老教师搭乘他的车。

钱志道退居二线后还经常关心着两件事：一是我国的国防工业建设；二是学校的教育工作。延安时代他的不少学生在国防工业部门，每逢去拜访他时，他都念叨说："国防要现代化，光靠引进是不行的，一定要自力更生！"

杨承宗：一生只做两件事

1951年秋，杨承宗先生从法国居里实验室学成回国。这次回国，他带回了两样东西：一是应钱三强之托，为新中国购置了原子能研究方面的大量资料和仪器，以及他向约里奥·居里夫人要的10克标准镭源；二是约里奥·居里先生给毛泽东主席的忠告："你们要保持世界和平，那么你们必须反对原子弹；你们要反对原子弹，必须自己先有原子弹。"这两样东西的共同指向是——为新中国研制自己的原子弹。

1961年，苏联撤走全部援华专家后，杨承宗责无旁贷地出任核工业部铀矿选冶研究所业务副所长，带领科研人员奋力攻关，提前3个月为我国第一颗原子弹的成功试爆准备好了合格的核铀原料，并取得数十项科研成果。

此前，杨承宗先生参与筹办中国科大，成为放射化学和辐射化学系的开创者。杨先生给学生上基础课时，亲自编写教材，十分注意把国际化学界前沿科学知识和科学创新的思维方法传授给学生，强调学生的动手能力培养和独立思考能力的训练。他经常对同学们说："科学就是前沿，科学就是尖端，科学就是创新。"在1959年欢迎新同学的致辞中，他满怀豪情地说："化学工作的特点本来是在于探穷索奥，废物利用；但我们还要无中生有，巧夺天工。"

1970年，科大南迁合肥，杨承宗先生已年近六旬，毅然携家带口随同南下，并在"文革"一片混乱的情况下，坚持在学校进行化学教学和科研工作，并在推动科大的火箭推进剂燃烧机理研究和国家同步辐射加速器建设等方面，做出了重要贡献。1978年11月，杨承宗被任命为科大副校长。

"我一生只做了两件事，一是为原子弹炼出了所需要的铀，还有就是在科大办了一个专业。"面对校史访谈的科大采访同志，杨老爽朗地笑着，声音依旧那样的洪亮，那样具有感染力。

钱临照："故于科大校园"

钱临照先生从学校一创办就给物理系的学生讲授普通物理学。1970年，他随学校南迁合肥，是终生与科大相伴相守不离不弃的少数几位老科学家之一。甚至曾经一度，在科大最为艰难的时期，他是学校唯一的院士。

钱老的可敬，不仅在于他在光学、晶体缺陷、物理学史等领域取得了杰出成就，也不仅在于他是中国科学院院士，曾任科大副校长，更在于他对科大的一往情深，在于他对科大视如家园，从不萦萦于个人得失，而把所有的才智和爱倾注在这片土地上。

1958年，科大创办时，钱老已是中科院学部委员，可他上起课来依然兢兢业业，没有一点"耍大牌"的派头。最初一个月，大部分同学反映他的课听不懂，原来当年很多同学没有学过高等数学，而钱老的普通物理学课堂上的物理运算需要运用高等数学的知识才能理解。于是，钱老干脆在课堂上连数学一块讲，还根据同学们的具体情况认真备课，每天面壁试讲，有时候还把备好的课先讲给大学毕业不久的女儿听。在课堂上讲授转动惯量时，他曾亲自坐上旋转凳做演示，大教室里顿时活跃起来，给听课师生留下了深刻的印象。1972年学校复课时，钱老已是66岁高龄，可他仍然精神矍铄，再登讲台，热情为学生传授物理知识。

1970年代到1980年代的恢复重建与快速发展，1990年代的平稳发展，科大的许多工作无不倾注了钱老的汗水和关切的眼神。许多科大人都不会忘记，当自己在海外苦苦求学的时候，是钱老和他们始终保持着书信联系，那信纸上由钱老特意盖上的"月是故乡明"的印章，时刻呼唤着海外游子学成归来报效祖国。

钱老在世时，每从外地出差返回校园，总是十分高兴地对身边人说："到家了。"他生前的一个心愿就是"故于科大校园"。1999年，他93岁时，走完了人生的最后一程。当时，他在省立医院，得知病情不可逆转后，便毅然提出"回家"的请求。当得知自己的病情已不适合在家里护理治疗的时候，又坚决表示，就算回到科大校医院也是"回家"。7月26日上午9：40，在科大校医院三楼东南角的一间特护病房里，钱老的心脏平缓地停止了跳动。

据麦汝奇老师回忆，在校医院的100天左右时间里，钱老病房中使用的冰箱、彩电、微波炉、轮椅、充气床垫，包括生活护理人员的酬金，甚至病房门口的拖鞋，都是钱老自己出钱购买或支付的。他还交代，冰箱、轮椅、充气垫要无偿留给校医院，供其他患者使用。钱老的93岁生日是在校医院病房中度过的，他一再叮嘱家属要给校医院职工每人送上一个小蛋糕，以表达对他们的感激之情。

为了实现钱老永远在"家里"的心愿，2000年春天，学校在东区郭沫若广场东侧的绿树林中，为钱老安放了半身塑像，钱老的骨灰就安放在塑像的旁边。

吴杭生：自己先要有一桶水

吴杭生教授课讲得好是有名的，语言简洁，深入浅出，引人入胜，概念交代非常清楚。他的腿脚有点不便，走路靠自行车，站着比较吃力。大家劝他坐在椅子上讲课，他不肯，一则要写黑板，不站不行，再则，他觉得坐着讲课总不对劲。身体本来并不强壮，两节课讲下来确实很累。他站着讲课，在讲台上来回走动，声音很洪亮，还不时地写黑板。累时就在黑板前靠一靠，或用胳膊肘在讲台上撑一会，非常感人。每次上课前他总是穿得干干净净，一节课下来，满身粉笔灰。在两节课中休息10分钟时，他抽根香烟，以缓解一下疲劳。但有时认真听课的学生不放过这个提问的机会，吴老师不顾疲劳，热情解答学生的问题，然后继续打足精神讲下一节课。

当时教授讲课，助教答疑和批改作业，这好像是个行规。可吴老师并不遵守这个行规，他自己讲课时，亲自参加辅导。他规定跟他辅导的老师除了在规定时间坐在指定教室等学生来问问题外，还必须到学生宿舍去上门辅导。我们去学生宿舍时常常看到吴老师也在那里辅导，了解学生学习情况，若有比较普遍的问题，吴老师会在下一次上新课内容前补讲一下。

1981年我（陈兆甲，1958级校友；编者注）从英国Sussex大学低温物理实验室进修回国，系领导让我和曹烈兆准备接吴杭生教授的"热力学、统计物理"课。这门课虽然学过，但要想教好并不容易。吴老师便像师父带徒弟那样训练我们，他对我们说："你要给学生一杯水，自己先要有一桶水。"

吴老师是我国物理学界的老前辈、统计物理学大师王竹溪先生的得意门生，他的"水"何止一桶，少说也有一大缸。我于1963年大学毕业，经过下乡搞"四清"和十年"文革"，大学学过的课也忘得差不多了。我负责统计物理部分，不要说"一桶水"，连"一杯水"也不满。于是先跟着吴老师辅导两次，听课、答疑、讲习题课，把这杯水装满。吴老师给我们指定了几本参考书，后来我又把国内外新出版的热统书和相关的习题集都买了，目的是在"桶里"尽量多装点水。

在吴老师的帮助和指导下，经过多次讲课、答疑，自己对这门课的理解逐渐加深，讲课效果也逐年见好。

陈颙：两件事，一辈子

陈颙，江苏宿迁人，地球物理学家，中科院院士，第三世界科学院院士，中国地震局研究员。1965年毕业于中国科大地球物理系。

陈颙的大学毕业论文是傅承义老师亲自指导的。有一次，傅老师推荐他读一篇经典德文文献，陈颙说自己不懂德文。傅老师看了他一眼，一言未发，走了。陈颙以为此事到此为止了，没想到一星期后，傅老师拿出了一个硬皮笔记本，上面整整齐齐地写满了英文。原来，傅老师已将这厚厚的72页德文文献完整地译成了英文。

陈颙一句话也说不出来。他知道，不用说翻译，就是简单照抄一遍，怕也要用上三四天时间。他不知道怎样表达心情，只是深深地鞠了一躬，走出了傅老师的办公室。这一瞬间一辈子留在了陈颙的心里，不时地触动着他，让他以同样的态度对待他的学生。

"文革"期间，傅承义先生被划为"反动学术权威"，在"学习班"接受改造。1975年海城大地震后，陈颙在研究所里做一个题为"海城地震前震的特征"的报告。会议室的旁边就是傅老师等人的"学习班"。当时，他对是否能将时间密集、空间集中的小地震作为大地震的前震这个问题有所思考，但论据尚不充分，论述也不顺畅。

报告结束后，陈颙最后一个走出来，见到了在"学习班"门口等候的傅老师。原来尽管他被勒令不准走进报告厅再去搞"反动"的学术研究和宣传，但耳朵还是自由的，他就这样躲在角落里听完了陈颙的报告。"你谈的不一定是所有前震的特征，但这种现象可以用来作为一个信号，表示一串地震中最大的地震是否已经过去。"他小声地对陈颙说。

短短的一句话，不仅将陈颙一段时间以来研究地震时积压的许多困惑一扫而光，而且傅老师即便身陷逆境，却仍然乐观、执着地关注自己所热爱的事业，用自己的实际行动鼓舞、激励后辈的精神力量，也带给陈颙极大的震撼。

发生在陈颙和他的导师之间的这两件事，给陈颙以一辈子的深刻影响。陈颙在他的自传里这样说："我逐渐认识到地震领域是科学上的一块尚未开垦的处女地，它的进展水平将在很大程度上代表人类征服自然、改造自然的能力。在地震这种毁灭性灾害的面前，人类显得太渺小。慌乱与无助似乎不应该成为这个时代的主旋律，我们总得做点什么，即便微小，也可以聚液成河。我决定将自己毕生的精力投入在这片荒地的开垦上。到现在已经30余载了，我仍在不知疲倦地履行着自己的诺言。"

永恒记忆

第一次给郭校长"新闻拍照"

高登义

记得1959年8月的一天,新学年即将开始,1959级新同学即将入校。地球物理系副主任赵剑琦老师召集1958级同学开会,要求为迎新做点宣传工作。主要是筹办一个展览,介绍科大和1958级的学习生活情况,二是挑选几位1958级同学介绍学习经验。我有幸成为介绍经验者之一,重点介绍自己如何抓好学习和体育锻炼的关系,二者共同促进的经验。此事一闪即逝,印象不深。

印象深刻的是我抢拍郭沫若校长参观学生食堂那张照片的往事。

这事还得从办展览讲起。

那一天,慈祥的赵老师在全系会上动员说:"科大是为我国培养科学研究人才的摇篮,郭沫若校长号召我们成为'又红又专、亦工亦农'的好学生,我们1958级同学要给1959级新同学做好榜样,要把我们第一年学习中的情况图文并茂地展览好。"说到这里,赵老师环顾大家,高兴地说,"为了办好这次展览,我们特别向学校申请了一架120海鸥相机,让同学们自己拍照,自己写文章,自己办展览。大家说好不好啊?"我们用热烈的掌声回答了赵老师。接着,他又问哪位同学会照相,大家你看我,我看你,没人吭声。的确,地球物理系1958级同学均来自四川,大多来自农村,不要说会照相,说不定有人还没有见过相机呢。尽管赵老师亲切地环顾大家,希望有同学站出来,但仍然没有人回应。

"我会！"情急中，我突然站了起来大声说。

立刻，同学们都把目光转向了我——有惊讶，有信任。我这位在学习和文体活动上都很活跃的"名人"，很快就博得了大家的信任。赵老师把那架120相机郑重地交给了我，叮咛我好好拍照，好好保管。我接过相机时，顿时觉得相机好沉啊，又是激动又是忐忑。说真话，我在中学是照过相，但那是在表哥手把手指导下进行的，自己从没有单独操作过。

大话说出去了，我只好硬着头皮往前走。我去图书馆借了一本有关照相的参考书，从头至尾地对照学习使用。

同学们齐心协力，很快为1959级新同学编出了一期图文并茂的墙报，较好地反映了我们地球物理系1958级同学一年充实愉快的学习生活情况，完成了领导交给的任务。

1959年9月1日上午，郭沫若校长参加1959年新学期开学典礼后，在秘书的陪同下，参观学校的几个学生食堂。

当郭校长快要来到我们系所在的学生食堂时，我突然心血来潮，想到照相机里正好还有胶卷，应该把这一幕拍下来，于是我迅速跑回教室，取来120照相机。

当校长走进我们的食堂时，我想方设法往前靠，但室内光线太暗，没有办法拍照。我着急得不知如何是好。

忽然，我看见秘书陪同校长准备往食堂外面走。"有了"，我高兴地自言自语，急忙提前跑出食堂，来到校长必经的路线，把相机调整好室外适宜的曝光，卷好胶卷等待着。

校长和秘书从食堂走出来，在食堂科张贴的一份通知面前停下脚步观看了一会儿，立刻又离开了。我紧紧跟随，慌忙中按下了相机的快门。

第二天，当我在暗室中冲洗完胶卷，较清晰地看到了校长及秘书的侧面照片时，我激动了好一会。

这就是我平生拍摄的第一张新闻照片，而且是为我尊敬的郭沫若校长拍的照片啊！

（作者系中国科大1958级校友，曾任中国科学探险协会主席，中国首位完成地球三极科考的探险家）

一根扁担进科大

黄吉虎

我赶上了这个好时候。1958年夏天,我从浙江省湖州中学毕业,同年报考大学。6月初参加高考的学生就填好了志愿。在高校的名单中,还没有中国科学技术大学的名称(6月18日《人民日报》《光明日报》才报道了科大成立的消息),所以我当时填的第一志愿是清华大学工程物理系。6月底,我收到姐姐来信,其中夹带了中国科学技术大学成立的剪报,才知道有所新型的、培养尖端科技人才的、校长是郭沫若先生的,并有一大批德高望重的科学家直接教课的中国科学技术大学。虽有向往,但志愿已填,只好如此了。7月6—8日三天高考,自己感觉不错,8月中旬就收到了清华大学工程物理系的录取通知,心里十分满足。8月下旬,又接到一份录取通知书,告知前一份录取通知书作废,改为中国科学技术大学录取并要求我在9月5日前到科大报到,为此,我十分意外和兴奋。在中学老师的帮助下,我9月2日就到达了北京前门火车站,好心、友善的北京人告诉我,从天安门前的长安街一直往西走,就会到达玉泉路。我用一根扁担挑着行李,从长安街的北侧向西走,经过六部口、西单,出了复兴门,又经木樨地、黄亭子,走到了公主坟,此时问题来了,当时的公主坟是个大环形圈,北京人告诉我一直往西,不要拐弯,而这里却拐起弯来了,我怀疑自己走错了,只好再请教路旁的人,这才知道没有错,绕过公主坟半个圈后才可能一直向西走。我就是这样花了近4个小时,硬是挑着行李从前门走到了玉泉路,成了中国科学技术大学的第一届新生(因为我是提前报到的学生,故没有人来迎接,9月中旬,我和提前报到的新生就成了迎接大批新生的成员)。每想起这段经历,我就心潮澎湃、浮想联翩。

我为有幸成为科大的第一届学生,并在毕业后留校任教感到无比的荣幸。今天,科大的条件比以往更加优越了,物质和环境也有了极大的改善。希望以后有机会再与校友们,特别是年轻的校友们一起,共同回忆科大的成长,使科大的优良校风届届相传,永放光芒。

(作者系中国科大5804校友)

在化学所做本科毕业论文

陈祖耀

1963年秋季开学后不久，我们兴奋而又忐忑不安地去了化学所，当时，到中关村做毕业论文的占全班的一大半。第一天，匆匆赶到实验室，指导我做毕业论文的胡克源老师把事先拟定并写在纸上的毕业论文题目和大纲交给我，并正式介绍当时西安化学所在化学所进修的柴文琦老师（后任中国环境监测总站站长）为我实验的第二导师。从此一系列毕业论文的严格训练就开始了。

尽管我所在的实验室是一个大实验室，但非常安静，人人忙忙碌碌却有条不紊，听到的只是轻轻的脚步声，或实验用平衡水槽24小时连续运转的马达声，还不时飘过来轻轻的讨论声。我虽刚来实验室不久，但并不感到孤独，因为一遇到任何实验上的困难，甚至只要你表现出任何犹豫，老师们就会放下自己手头的工作来关心、帮助你。可以说，整个实验室就是一个大课堂，每一个人都是我的指导老师，不但没有陌生的感觉，还可以学到许多课堂上学不到的知识。

这样的环境当然使我们很快进入工作状态，结果我的工作进展顺利，自然也有些沾沾自喜。我不知道胡老师是如何觉察到我这种心态的，有一天在他与我讨论工作后，不动声色地说，研究工作的结论要经得住时间的考验，要经得起别人的重复，并问我，你想不想毕业后也从事科研工作？事后，我把胡老师的这句话想了很久很久，主动放慢实验进程，但加强了实验重复性和可靠性试验，有时一个数据，需要几天甚至一个星期以上的时间。为进一步提高体系氯化氢浓度，而又不妨碍实验室其他人的正常工作，在柴老师的同意下，我常在人们下班后趁天没黑时，到化学楼顶层做长时间通气实验，以取得比较满意的结果。

我们在化学所逗留了8个多月，那是在两位老师指导、整个实验室老师关心下的多少个日出夜归啊，这使我们在毕业论文的各个环节都得到了比较严格的锻炼，从开题、入题、深入到整体结果的获得，使我们真正体会了从事科研工作的感受。仅为毕业论文定稿，胡老师一丝不苟，至少前后为我改了3遍，最后还严格要求，完全按当时出版格式用印刷体誊写毕业论文，一式两份，交代我必须自己准备包括各种图表的照相制版、参考文献的逐字核对等等。

（作者系中国科大1958级校友）

三龙飞舞

朱国城　冯玉瑜

科大数学系最突出的就是华罗庚、关肇直、吴文俊三条龙,他们自成体系,各具特色,正可谓三条巨龙飞舞,一派兴旺景象——1958、1961、1964级是"华龙",1959、1962、1965级是"关龙",1960、1963级是"吴龙"。

我们的老师是关肇直先生。关先生早年留法,当时是数学所的负责人之一,还兼任科大数学系的高等数学教研室主任。关先生工作十分繁忙,但仍把他最主要的精力放在了1959级的教学上。整整三年半的基础课,他亲自编写教材,亲自讲课,花费了很大的精力。当然,在"一条龙"的教学法中,很难由一个人全部承担,幸好当时是"所系结合",因而有可能在统一筹划之下,分头来教。很多院士当年都为我们讲过课,例如,丁夏畦院士第一学期是我们的习题课主讲,林群院士是我们的广义函数主讲等。关先生还请来张宗燧先生(当时的数学所一级教授)给我们讲四大力学,其中量子力学后来由他的学生戴元本院士讲完。我们1959级的物理课一直上到量子力学,有的专业还上了量子场论。这是关先生的一个想法,他想培养数学、物理功底都很深的人才。

关先生上课,思路清晰,板书工整且速度快。当时上课时都没有教材,教材大多是在讲完课以后才发的油印讲义。但这样也有好处,练就了我们记笔记的本领。常常是记下来再说,课后再慢慢地啃,把它搞懂。关先生的博学给了我们很深的印象。上面已提到,三年半的基础课,从微积分到亚纯函数,从线性代数到群表示论,从黎曼几何到泛函分析,大部分由关先生一人主讲,可以说这在国内外也是少见的。而且,关先生十分平易近人、和蔼可亲,上课从不迟到,也不拖堂,有时还带病上课,从来没听到过他训斥学生。相反,在课堂上,经常鼓励学生树立信心,不要怕一时学不好,只要努力就会有成果。一般情况下,我们看到他那么辛苦,课间休息时,都不忍去打扰,但有时他会主动找学生了解学习情况。在三年困难时期,我们亲眼看见他只啃一点面包干当饭吃,在生活方面对自己要求十分严格。

现在看来,关先生的一套基础课教学模式,应该说是成功的。我们数学系

1959级出了一位院士和大批的博导、教授……这些同学，不管以后分到什么专业，三年半的基础课底子都是关先生打下的。我们一位同窗，在校庆40周年返校，在系里讲话时曾说，我们1959级的教学质量可与任何一所大学相比！

数学系三条龙各成体系，其中也有交流。比如，我们领到过华先生的一些讲义，如矩阵论等。华龙的特色十分鲜明，居高临下，少而精。吴龙的特色是创新意识很强。当时，三条巨龙共舞，何等热闹，何等气魄。再加上"全院办校，所系结合"，从数学所调来学校任教的龚昇教授、石钟慈院士、陈希孺院士以及曾肯成、殷涌泉等一批精英的倾力合作，还有从全国各名牌大学来的一批青年教师的无私奉献，全校的数学教学，真可谓百花齐放，万紫千红，一派欣欣向荣的景象，用一句现代时髦的话来说，那就是"创新"。

（作者系中国科大1959级校友）

科大追忆点滴

陈春华

20世纪80年代的科大，在国人心目中的地位毫无疑问地与北大、清华并驾齐驱。我之所以报考科大，只是高中母校已有毕业生上北大、清华了，独缺科大。当时以科大新生的高考成绩，可以随便挑选国内任何一所高校，因此每一年级的同学中都是强手如林。

1. 小飞机

当时的校园远不如现在这样漂亮，也没有西区和南区。但是，我刚入学的第二天就发现了一件别致的浑然天成的"艺术作品"，那就是在老117楼和118楼之间的小院落里停着一架大概是淘汰下来的苏制小飞机。它与旁边不远处的双杠一样，学生可以随时自由上下。它似乎在提醒我们，来科大学习的目标就是将来要为国家造出高精尖的东西。可以想象，这架小飞机给来自四面八方的年轻人带来了怎样的心理震撼。

我不知道这架旧飞机是不是科大从北京南迁合肥时带来的家当。如果是的话，我愿向当时做出这一决定的科大老领导敬礼。同时，也为后来不知何时将这架飞机请出科大校园感到可惜复可悲。

2. 图书馆占位

从大一开始，大家的学习就非常紧张。除了课堂学习外，绝大部分的时间都是上自习。由于自习的地方很有限，总有很多同学不得不在宿舍看书做作业。当时最佳的自习场所，当属图书馆自习室。原因大概是馆里有社科、自然科学和期刊杂志阅览室，便于做功课时查参考书，学习累了也可以看会儿小说、报纸放松一下。

一般上午大家都有课，因而为下午和晚上的自习占一个自习室的座位就是许多同学的最爱。图书馆中午闭馆，下午一点半才开。从十二点半开始，就陆陆续续有同学站在大门前等候。一边等，一边还在看书背单词。随着时间推移，聚集等待的同学越来越多，有几百人之众，声音也越来越嘈杂。直到一点半大门准时打开，大家蜂拥而入，小跑到自习室，抢到一席之地。几分钟后，座次排定，声浪不再，大家也就两耳不闻窗外事了。

不过在自习过程中，也会发生座位被"抢"的事。如果哪位自习中间离开座位稍长一点，座椅可能会被后来的同学搬走。不过也没关系，你也可以如此这般地再"抢"一把座椅回来。当然无奈之下站着上一会儿自习也不新鲜。可以说，这种自然形成的行为规则，使自习室的利用率达到了最高。

3. 通宵教室

图书馆虽好，但每晚十点要闭馆。这时候同学们的去处就是所谓的"通宵教室"。当时一教大楼的几个教室，晚上都不锁门。"夜猫子"们可以在那里用功。后来图书馆东头的一间自习室，学校也专门腾出来作通宵教室。当"夜猫子"们半夜一两点上完自习要回宿舍时，早起的"百灵鸟"们又来学习了。这样一来，这些教室的灯火是夜夜不灭，像火炬般激励着一届又一届渴求知识的科大人。

4. 科大味儿

这些年来，我常自问，作为校史不算长的科大，到底有没有积淀出校魂之类的东西？答案是肯定的。在我十年的欧美留学工作期间，发生过多次短暂交谈后就被认出是科大毕业生的趣事。也就是说，科大培养出的学生都具有某种很可能连自己都不曾意识到的独特的"科大味儿"。我体会这科大味儿不仅仅源于宽广深厚的数理知识功底，更是因为几年时间内与众多优秀学子切磋比试、你追我赶中培养出的精神特质。标新立异、不畏强手、敢为天下先，应该是这种科大味儿的主要内涵。

（作者为中国科大1981级校友）

曾为科大人　我心中充满自豪

蒋继宁

我进少年班时，还是个孩子，好胜心强，特别不服气，生怕不如人，每天一大早起来就和大家一起飞奔到自习室占座位，晚上还要去通宵教室开夜车。所有的通宵教室和自习室都人满为患，走进去黑压压一片人头，都在埋头苦干。五年下来，几乎所有的时间都花在学习上。比起其他学校，尤其是文科院校的同学，也许缺少一些浪漫的记忆，也几乎没有风花雪月的故事，但我并不后悔。我从中学到的知识，练就的坚强意志，培养的刻苦精神，是我一辈子享用不尽的财富。

我从心底里觉得，科大的老师是一流的。科大的师生关系非常简单，老师务实谦虚，既重言传又重身教，有一种宽容、平等的氛围。师生之间为了某个问题争得面红耳赤是常有的事。老师们对我们的生活很关心，但对学习非常严格，谁要是不尽全力，肯定会被毫不留情地批评。

科大还总是让最好的老师上基础课，先后曾在科大直接承担教学工作的两院院士就有130多位。所以，当一个科大人真的很幸运，本科生起就能接触到名师名家，既学知识又学做人。而且，学校总是给学生提供最好的实验条件。本科生大二、大三就到实验室参加研究工作，因此，科大本科生的实验能力比起许多学校的研究生来都不遑多让。

校领导很有人情味。记得当年安装暖气时，先给学生宿舍装，教工宿舍却没有安装。学校非常重视学生的意见，学生对学校有任何不满，都可以直接向校领导提，不必担心"枪打出头鸟"，更不用怕"秋后算账"。这种宽松、自由激发了科大人的创造力，也培养了科大人崇尚自由、超然物外的气质。

科大人在学术上求新求尖，对生活细节却不甚注重，校园里很少见到时髦的红男绿女，所以外人有时会笑话"科大人真土气"，可是我们都不在乎。大家生活上不攀比，把时间精力用到学习上，对于各自的家庭来说经济压力也比较小。

科大是1970年从北京迁到合肥的，从此远离政治文化中心，少了许多热闹和关注。合肥是一个安静朴实的小城，科大也是一所安静朴实的学校，不浮躁不跟风，脚踏实地，奋发向上。在这个纷繁扰攘的世界上，质朴是一种越来越罕有的气质。而科大的质朴又是"绚烂之极归于平淡"的那种。这是一所传奇的独特大学，她还在继续演绎着传奇。

曾为科大人，我心中充满自豪。

（作者系中国科大1984级校友）

我和我的科大

何 宇

中国科大对我来说，曾经是一种向往。

从每年的科技活动周，到"物理照耀世界"，到物理竞赛指导，再到张祖德老师化学竞赛课的幽默和细腻……早在高考前很久很久，我就开始心仪这所合肥方言里的"裤子大"了。

后来我如愿以偿地和从小一起长大的伙伴大树、ccdog、小言言、阿飙一起，以高出清北和江南五校分数线的成绩来到了科大。因为我们心里最好的学校，不在繁华的帝都北京，也不在喧嚣的魔都，而是这所后来被我们戏称的"南七技校"。合肥是我的故乡，我了解她，我不会像有些家长那样肤浅地投给她莫名其妙的歧视和怀疑。

我也了解科大，正如我了解北大清华一样，所以我会毅然决然地选择这里。合肥是一个安静的城市，安静得可以让我在每年的元旦静静地一个人在理化大楼的顶楼守候日出；合肥也是一个奔放的城市，奔放得可以让我在每年五月的科技活动周汗流浃背地接待来自全国各地的参观者。而这一切，都离不开我的母校中国科大。

四年的时光太过短暂，身边的同学和伙伴无疑是我心目中最为宝贵的财富。我从他们那里学会了勤勉，学会了思考，学会了稳健和幽默，学会了放荡与不羁，学会在愤怒时控制情绪然后耐心开导对方，学会在伤痛时坚韧磨砺专注于学业。每每聆听五湖四海的伙伴说起他们自己的家乡，他们以往的生活，还有独有的学习生活方式和态度，我的生命便一次又一次地丰满了起来。一哥、泰哥、明哥、猛帆、砚池、憨憨……每写下一个名字，心头便会浮现一幅画面；一串串重叠的画面里，勾勒出的正是我精彩纷呈的大学生活。当然还有我的室友们。四年前寝室的卧谈还略显生涩，今天，当寒寒去了哈佛，奶妹去了多伦多，曹总保研中科大，涛涛去了休斯敦，我的脑海不禁响起了老狼那首《睡在我上铺的兄弟》。此间的少年行色匆匆，此间的少年志存高远，此间的少年心在四方。

科大的老教授们无疑是校园秉承校训的脊梁。当老宋在线性代数课之后像高中老师那样给每一个想不清问题的学生手把手分析问题而不顾时间早已过了饭点；当施老太太完全扔掉院士的身份作为一名教师给我们平凡的一年级本科生上导论课；当程老师一丝不苟一遍遍在电动力学课的黑板上写下Maxwell方程组……我的心里除了感动、荣幸和决心，还能剩下什么？

科大还有一群年轻有为的教授，他们将老牌世界名校的风格融入自己的课堂，和学生之间没有隔阂地交流，堂上风格各异地授课，课下邀我们一起聚餐一起参加派对，还能有什么比这样的学习更有乐趣？这四年，在民族乐团的日子此生难忘，无论专业水准还是三脚猫功夫，大家总是像一家人一样排练、插科打诨还有春游。

这四年，在树之话剧社的日子此生难忘，无论博士、硕士还是新鲜粉嫩的大一小本，大家一起挥汗、熬夜、嬉笑怒骂，一起体味舞台内外的戏剧人生。

这四年，在芳草社青年志愿者协会的日子也此生难忘，无论上山下乡还是扶贫助残，大家被一颗真爱的心牢牢拴在一起，一群纯粹而志同道合的年轻人，为着更美好的社会，手挽手肩并肩地做着微小却不可忽视的贡献。

四年，在国内或者国际舞台上，我和清华、北大、复旦、上交以至哈佛、剑桥、牛津的学子们多少次相遇，每一次代表科大代表中国，每一次看到我们的表现，我的心里都溢满了自信和自豪：科大为我们提供了如此高端宽广的平台，我为当初选择科大而倍感庆幸。现在大树和小言言都拿到了哥伦比亚大学offer，ccdog去了北卡罗来纳大学，阿飙去了伦斯勒理工学院，他们将在北美东海岸继续相聚，作为一个待在西海岸Palo Alto与他们遥遥相望的人……我真有点小伤感。

在"See You"毕业晚会上，当整个礼堂2000余名年轻人自发起立高唱《永恒的东风》时，台上的我突然意识到，科大于我，曾经的向往已然不知不觉变为一种信仰。明天也许我们将飞赴全球各地，继续绘制我们的未来，然而命运让我们在科大相聚、在科大结缘。记得在做招生志愿者时总有家长满腹狐疑地问我，"当时你以全省前20名的分数不去清华、北大，现在后悔么？"每每此时，我总会毫不掩饰地回答："如果当初没有来到中国科大，我会后悔一辈子！"

（作者系中国科大2006级校友）

诗酒趁年华

王诗丹

暮春时节，梧桐成荫。一教北面的香樟和柳林，隔出一方水塘，是名"眼镜湖"。清风乍起，碧水微皱，静谧如桃源。湖的北面丛生着紫叶李和海桐；其间通幽曲径，延伸出蜿蜒于湖面的平桥。夕阳懒照，寻桥而行。团团柳絮，漫不经心地飘舞空中。桥的尽头，湖心之亭，飞檐六角，石阶矮栏，是名"一鉴亭"。

此时此刻，微风不寒，荷叶初生。凭栏俯望，几缕闲云在水中颤颤巍巍的倒影，让人几乎觉察不出时间的流逝。南宋大家朱熹自有名句，"半亩方塘一鉴开，天光云影共徘徊"。所言之景，大抵如此。这方凉亭，便随之得名。然而妙手偶得寓意深远的，应数其后两句。人生如渠，当晶莹清澈，搏动奔流。是谁，赐予了我源头活水？是谁，让我们恪守责任和信念，行走着，寻觅着，一日日找到自己的使命和幸福？

注目嫩绿的小荷，恍然回到四年之前。第一次做客此亭，尚不知它的名字，也未料到与它的不解之缘。那时候，少年班招生的复试刚刚结束，不知怎地胡乱走到了一鉴亭下。夏日炎炎，水汽蒸蒸，林隙的风偶然送来一丝凉意。未及笄的我，怀揣对前路的憧憬与迷惘，怔怔看着湖上的田田风荷。莲花正好。深深浅浅的墨绿，掩映明昧的白荷，凌波仙子，不胜娇羞。果然是清涟不妖，亭亭净植。要是能来科大，岂不是年年可赏此风物花间？当初脑海里电光石火般闪过的这个念头，如今已接近尾声。

来到科大，如愿以偿。再次游亭，是数月后的中秋。月半之时，却不见月圆之景。淅淅沥沥的小雨，打落湖上熟透的莲蓬。初入学之时，课业虽不重，时间却安排得紧锣密鼓。难得抛开定理公式，立于亭下，看远处教学楼映入湖底的零星倒影，被雨滴一点点打碎，晕开。这是第一个独自在外的中秋吧，我想。第一次真切地感到，铁马的缰绳，画卷的墨笔，乐章的琴笛，都在我手里。雨声绵密，心却如明镜。最好的年华，当赋独属的诗篇；切莫辜负，碌碌蹉跎。

于是终日往返于教室与宿舍之间，转眼便是期末。元旦前夕，已近凌晨，背着书包慢吞吞地从五教回寝室的路上，心里忽然一动，便往一鉴亭拐去。方踏上桥头，爆竹声就在耳边炸响，新的一年。四围燃起冲天的烟火，在湖里映出令人眩晕的倒影，仿佛朵朵嫣红的菌苔。烟花落下，在粼粼的湖面洒成点点碎金。欢天喜地，震耳欲聋。流光容易把人抛，可这般璀璨的夜色，当不负千金韶光吧。

　　最后一门考完之后，和乐团的同学们带着笛子和小提琴，相聚在这座小亭。银装满地，雪花纷飞，冰封的湖面如同天然的玉璧，未经雕琢，不加粉饰，深邃的眼眸般注视着漫天飞雪。我只记得一曲卡农，在寂静的冬日奏得婉转低回。一曲结束，手指冻得胡萝卜一般，却有发自心底的喜悦。乐曲是自由的，灵魂是无羁的。琴瑟在御，岁月静好，还有什么，比苍茫天地间炽热灵动的心，飞扬高歌的梦更加美好呢？

　　隐约悠长的丝竹之声将思绪拽回眼前，是江南名曲《姑苏行》。常有人在湖畔吹笛。清脆的笛音穿过葱郁的树林，变得沉郁温婉；就像粗粝的沙石，磨砺成光滑的珍珠。多像那年的我呵。原来，我们都这般温柔地爱着生活。手指抚过冰凉凹凸的亭栏，蓦然想起赏心亭的稼轩，看了吴钩，拍遍栏杆，满腔热血，无处挥洒，徒然留给后人世代的喟叹。

　　又想起清初名士才子云集的渌水亭之宴，年轻的成德在宴集诗序中云，"无取铺张学海，所期抒写性情云尔。"蜡烛刻时，饮酒赋诗。席间唱和，连缀成篇，皆以"性灵"为旨，恰便似株株白莲，虚怀若谷，中通外直。宾客们并不是落拓江湖借酒消愁的游子，亦不是歌功颂德的幕僚或针砭时弊的狂士。他们有志向，有信仰；身世悠悠何足问，青眼高歌俱未老。

　　可惜，人生别易会常难。无论集会兰亭，还是春宴桃李，都逃脱不了胜地不常、盛筵难再的命运。可是，这又有什么关系呢？我们风华正茂，意气风发。科大四年里，一鉴亭的思悟，纯净学风的熏陶，已让我寻得生命之河的源头活水。纵然再不能元夕之夜立赏桥头烟火，亦难在冰天雪地里听琴声盘旋在湖面，此间回忆，却不会泯灭。

　　因为生命的源头，是爱。对科学求真的爱，对诗画至美的爱，对亲人师友的爱，对生活的爱。

　　莫愁无知己，诗酒趁年华。

（作者系中国科大少年班学院2012级学生）

原创校园歌曲
《我在科大的日子》

薪火相传

赵忠贤：四十年专注一件事

赵忠贤，中科院院士、第三世界科学院院士、国际陶瓷科学院院士，中国科学技术协会副主席、中科院物理所研究员。1964年毕业于中国科大技术物理系。

1989年，赵忠贤院士第一次为公众所熟知，是因为他带领中科院物理所团队凭借"液氮温区氧化物超导体的发现及研究"斩获国家自然科学一等奖。时隔25年，赵忠贤领衔的研究团队因"40K以上铁基高温超导体的发现及若干基本物理性质研究"方面的突出贡献，于2014年再次荣获国家自然科学一等奖。

自1964年从中国科学技术大学技术物理系毕业后，除了中途有五年搞国防任务，赵忠贤一直在中国科学院物理研究所从事超导研究，算算已有40余年了。

克难攻坚充满信心，跻身世界先进

谈及成功，赵忠贤说，靠的是坚持、有好的合作者和运气。

超导现象指在一定的低温状态下，某些材料中的电子可以无阻地流动，表现出零电阻现象。在世界各国科学家的努力下，超导体的相关研究不断取得突破，不仅表现在基础研究方面，还开拓了技术应用领域。

赵忠贤从1976年开始从事高临界温度超导体的研究。十年后，他与合作者独立发现了液氮温度超导体并率先在国际上公布其化学组成。"1986年4月，瑞士科学家穆勒和柏诺兹发现Ba—La—Cu—O材料在35 K（开尔文，热力学温度单位）时开始出现超导现象。9月底，我看到他们的论文后，马上找到陈立泉等同事开始铜氧化物超导体的研究工作。"赵忠贤回忆说。

1986年底到1987年初，赵忠贤和同事们夜以继日地奋战在实验室中。饿了，就煮面条；累了，就轮流在椅子上打个盹。在最困难的时候，他们充满信心，相互鼓励："别看现在这个样品不超导，新的超导体很可能就诞生在下一个样品中。"

辛勤的工作与执着的探索终于换来了令人期待的成果——Ba—La—Cu—O系列材料中有70 K的超导迹象。紧接着，1987年初，他们获得了起始转变温度在100 K以上的超导体。1988年春，他们又率先获得转变温度在120 K的铋系和铊系氧化物超导体。

就这样，以赵忠贤为代表的中国科学家跻身于世界超导研究的先进行列。

热的时候坚持，冷的时候也要坚持

在讲述自己40余年的超导研究历程时，赵忠贤反复提到一个词——坚持。

20世纪90年代中后期，国际物理学界在通过铜氧化物超导体探索高温超导机理的研究上遇到了瓶颈，相关研究进入低谷。国内的研究也受了影响，很多团队解散。

"热的时候坚持，冷的时候也坚持。"赵忠贤带领超导团队坚守这块阵地，持之以恒地进行实验。无数次地制备、观察、放弃、重新开始……经费有限，项目组使用的基础设备还是赵忠贤趁着"大减价"时淘换下来的老装备。"虽然很土，但是很管用。"赵忠贤说。

幸而，在这样的坚持下，一个个崭新的成果接踵而来。

2008年，日本科学家发现在掺氟的镧氧铁砷材料中存在26 K的超导性。随即，中国科学家把超导临界温度提到高于传统超导体的40 K的理论极限。此后，赵忠贤又提出高压合成结合轻稀土替代的方案，并率领团队很快将超导临界温度又提高到50 K以上，也创造了55 K的铁基超导体转变温度的世界纪录，并保持至今。

选择科研道路，就不心猿意马

"人活着要吃饭，将个人的兴趣与生计结合起来是最理想的选择，而我恰巧很幸运。"赵忠贤说，"快乐在于每天都面对解决新问题的挑战。"

科研之路艰难漫长，正因这些挑战的快乐，他从不灰心、不放弃，总是满怀希望。

"打个不一定恰当的比喻：我们口袋里装着许多把钥匙，同时还在不断地制造出新的钥匙，而只有其中一把能够开启科学之门。我们要做的，就是不懈努力，制造、修改每一把钥匙，直到打开这扇大门。也许，此前试验过的那么多钥匙都失败了，于是有人选择了放弃——但谁又能肯定，接下来这把钥匙不会解开未知之谜呢？"赵忠贤说。

在赵忠贤看来，搞科研最重要的一点是能够迅速抓住问题的本质，并驾驭自己的知识和能力去解决它。赵忠贤时常勉励后辈，要有远大的目标，更要脚踏实地去工作。"现在社会上各种诱惑很多，但既然选择了科研这条道路，就要安下心来，不要心猿意马。"

如今已过70岁的赵忠贤把更多的精力投入到为年轻人把握科研方向和营造好的科研环境上。他说："虽然超导研究的两次热潮我都赶上了，而且也都做出了成绩，但仔细分析我也错过了好多机会。我希望将自己的这些经验教训分享给年轻科研工作者，让他们能少走些弯路，取得更大的成绩。"

饶子和：做科研要有点野心

饶子和，江苏南京人，生物物理学家，中国科学院院士、第三世界科学院院士，曾任南开大学校长，清华大学特聘教授。1977年毕业于中国科大物理系。

1989年，饶子和在牛津大学做博士后时，开始了自己的第一个重大科研课题——关于流感病毒的核蛋白研究。可做了一年半，却毫无突破。那时候，他嘴里常常念叨"我爱科学，可科学不爱我"。后来，他将目光转向艾滋病病毒研究，到1995年，突然井喷一般做出两项成果，分别发表在《自然》和《细胞》上。《自然》杂志称他的"艾滋病病毒及其病毒家族分子的装配模型"研究"为抗AIDS病研究开辟了一条新的途径"。

从此，饶子和结束了对科学研究的"单恋悲剧"，并在结构生物学界拥有了一席之地。不过，幸运并非时刻伴随着他。1999年，饶子和回国后在清华大学组建结构生物学实验室，开展的第一个课题是"头孢菌素酰化酶晶体结构研究"。研究成功了，按饶子和的话说，得到了"一个非常漂亮的全新结构"。可就在他们刚刚完成的时候，别人的研究成果发表了。课题组的所有成员像被打了一闷棍，气氛异常沉闷。饶子和最终打破沉默："好了，现在归零，重新开始！"

重新开始新课题的饶子和吸取教训，常常跟"催命鬼"似的，课题一有新的进展，他就在一旁催促："越是到最后越不能松气，等你吃完饭、睡一觉起来，没准人家就做出来了。"

2003年，一场突如其来的非典疫情席卷了中国大地，在极度的恐惧感中，人们十分希望抗SARS病毒的药物能够尽快研制成功。那时，饶子和刚刚当选为中国科学院院士，担任了中科院生物物理研究所所长，他紧急命令研究组停下手中的其他活计，转向SARS的基础研究。经过研究组同仁的共同努力，我国首次成功地解析了SARS病毒的主要蛋白酶3CLPRO及该酶与抑制剂形成的复合物的三维空间结构，揭示了该酶与底物结合的精确模式，并发现该酶与同一种抑制剂有着不同的结合模式，为抗SARS药物的发现奠定了重要的结构基础。

2006年，饶子和出任南开大学校长，他将目光投注在年轻一代的身上。在本科生课堂上，饶子和这样对他的学生们说："好多东西做出来感觉蛮好，可做的时候不可想象，也不敢想。但是，我还是主张，做科研要有点野心！"

邓中翰和他的"中国芯"

邓中翰，中国工程院院士、中国科协副主席、中星微电子有限公司董事长。1992年毕业于中国科大地球和空间科学系。

中国工程院院士、中国科协副主席、国家重点实验室主任、欧美同学会副会长……一个个闪耀名衔的背后，是埋头实干的"中国芯"之父邓中翰。他领导研发的"星光"系列"中国芯"，彻底结束了中国无"芯"的历史，并成功占领全球计算机图像输入芯片市场60%以上的份额。

1992年，从中国科大毕业后，邓中翰前往美国加州大学伯克利分校深造。在海外求学过程中，他深深感觉到"科学无国界，而科学家有国界"。

1994年，邓中翰随导师访问日本。日本的现代化和快节奏让他思索：是什么让一个国家这样有效率地运行？这让他大胆决定说服校长，允许他在攻读电子工程学博士的同时，兼修物理学硕士和经济学硕士。

"每天白天上课，下课后还要做科研，很晚回到寝室，接着从零自学经济学的各种课程到凌晨三四点，早上七点钟再起来上课。"通过日复一日的刻苦学习，邓中翰成为伯克利建校130年来第一位横跨理、工、商三学科的毕业生。

1998年，三十而立的邓中翰在硅谷创办了Pixim公司，研制用于监控、卫星、外太空探测等高尖端应用的平行数码成像半导体传感器，公司的市值很快达到了1.5亿美元。

正当事业顺风顺水之时，邓中翰受邀作为留美华人代表，回国参加新中国成立五十周年庆典。"祖国取得的巨大成就、高亢响亮的国歌声和冉冉升起的五星红旗让我激动不已，我感受到了祖国的召唤。"

硅谷创业成功的经验，让邓中翰对科研和产业化的结合有了切实的体会。回国创业之初，他就明确认定，做核心技术要从一开始就紧紧抓住市场，在最短周期内把国际领先的技术转化为产品。

1999年10月14日，在北京海淀区北土城的一间地下仓库里，中星微公司成立，邓中翰启动并承担了"星光中国芯工程"。创业之初的艰难无处不在，邓中翰和他的团队曾为了筹措资金，抵押掉个人的资产。

经过两年的努力，2001年3月11日，"星光一号"研发成功，这是我国首枚具有自主知识产权，大规模打入国际市场的百万门级超大规模集成电路芯片。曾将他拒之门外的索尼、惠普、三星等外国公司，如今都在它们的各类终端上安装了中星微的芯片。

2005年11月15日，中星微成为中国第一家在纳斯达克上市的芯片设计企业。在多媒体芯片领域突破七大核心技术类，申请超过500多项专利，中星微不仅是中国第一家在纳斯达克上市的芯片设计企业，更是中国第一家在纳斯达克上市的拥有完整自有核心技术和知识产权的企业。邓中翰在纳斯达克闭市式上的签名，成为留在这个高技术公司云集的证券交易所的第一个中文签名。

邓中翰并没有就此止步。他说："实现'中国梦'的自豪感和成就感，绝对不是实现了'美国梦'就可以带来的。在建世界标准、做全球专利的道路上，国家战略需求是我和团队不断奋斗、自主创新的动力。"

潘建伟：量子世界的"中国耕者"

潘建伟，浙江省东阳市人，1995年中国科大近代物理系本硕毕业，现任中国科大常务副校长、教授、博导，中国科学院院士、发展中国家科学院院士，中国科协副主席，第五届中国青年科技工作者协会会长。系中组部首批"千人计划"入选者，中科院量子科学实验卫星先导专项首席科学家。

在合肥中国科大的校园里，最近很少见到常务副校长潘建伟院士的身影。作为量子科学实验卫星项目负责人，他更多的时间是在上海浦东的中国科大上海研究院里，与同事们一起为卫星2016年的如期发射紧张工作。

从读本科时与"量子"结缘，今年46岁的潘建伟已经与"量子"打了二十多年交道。

在中国建一个世界领先的量子光学实验室

1987年，考入中国科大的潘建伟，第一次接触量子力学，就为其中蕴含的种种神秘而着迷。本科毕业后，潘建伟继续在校攻读理论物理硕士，方向是量子基本理论。随着研究的深入，潘建伟认识到，量子理论中的各种悬疑需要尖端实验技术才能验证，于是硕士毕业后他选择了去代表世界研究水平的国外高校留学。

1996年，潘建伟来到奥地利因斯布鲁克大学。第一次见面，导师塞林格问他，"你的梦想是什么？""我要在中国建一个和您的实验室一样的世界领先的量子光学实验室。"一年后，潘建伟便与同事一起在《自然》上发表了首次实现量子隐形传态的学术论文，这个成果被公认为量子信息实验领域的开山之作，被美国物理学会、欧洲物理学会和《科学》杂志评为年度十大进展，并入选《自然》"百年物理学21篇经典论文"。此后，潘建伟又先后在国际上首次完成了量子纠缠交换，三光子、四光子纠缠及其非定域性检验，量子纠缠纯化等重要实验。

此时，量子信息已被国际科技界预见为会对未来信息技术和人类社会生活产生革命性影响的新兴学科。然而，在国内甚至还有人认为是伪科学。潘建伟每年都利用假期回到科大讲学，通过各种渠道和前辈们一起为我国在量子信息领域的发展提出建议。2001年，潘建伟得到中科院和国家自然科学基金委的资金支持，并在导师张永德教授和近代物理系同仁支持下，从零开始组建实验室。

引领中国团队成为世界劲旅

2001年，国内的研究水平和人才储备都很薄弱，潘建伟像"候鸟"一样，一边回到欧洲继续从事合作研究，一边指导国内的研究生建立实验室。不到一年，国内的研究组作为第一单位就在《物理评论快报》上发表7篇论文。2004年，《自然》杂志发表了他们首次实现五光子纠缠和终端开放的量子态隐形传输的成果。这一成果同时入选欧洲物理学会和美国物理学会的年度国际物理学重大进展，这在中国科学家中还是第一次。

量子信息是计算机、信息科学与量子物理相结合而产生的交叉学科，需要不同学科背景的人才、技术和较高强度的经费支持，在快速推进国内实验室建设的同时，潘建伟继续在欧洲从事冷原子量子调控方面的学习与合作研究，并通过从国内招收研究生和博士后、选派学生到国际先进小组学习等方式培养这方面的研究力量，完成了光与冷原子量子信息技术方面至关重要的人才和技术的原始积累。潘建伟的人才布局，从中国科大起步，分别辐射奥地利因斯布鲁克大学、英国剑桥大学、德国马普量子光学所、瑞士日内瓦大学、美国斯坦福大学……进行着人才的分众深耕。

2008年，潘建伟团队整体回归中国科大，以陈宇翱、陆朝阳、张强、赵博等为代表的一批优秀青年学者组成了强大研究阵容。他们首次实现五光子纠缠和终端开放的量子态隐形传输；首次实现具有存储和读出功能的纠缠交换；首次实现八光子薛定谔猫态；利用八光子纠缠首次实现拓扑量子纠错；首次实现百公里量级自由空间量子隐形传态和纠缠分发；首次实现多自由度量子隐形传态；首次实现量子机器学习算法……《自然》杂志在报道潘建伟团队成果时评价："在量子通信领域，中国用了不到十年的时间，由一个不起眼的国家发展成为现在的世界劲旅，将领先于欧洲和北美。"

构建中国的量子通信体系

"科学家要做原始创新,为国服务。"潘建伟有着明确的科研路线图:从初步实现局域的量子通信网络,到实现多横多纵的全球范围量子通信网络,以保证信息传输的绝对安全;通过量子计算研究,实现大数据时代信息的有效挖掘;通过量子精密测量研究,实现新一代定位导航……

早在2008年秋,潘建伟团队就在合肥建立了世界上第一个光量子电话网,实现了"一次一密"加密方式的实时网络通话,真正做到"电话互联互通、语音实时加密、安全牢不可破"的量子保密电话网络系统。2012年和2014年,潘建伟团队分别建成了国际上规模最大的量子通信网络"合肥城域量子通信试验示范网络"和"济南量子通信试验网",标志着大容量的城域量子通信网络技术已经成熟。2012年底,潘建伟团队的量子通信装备在北京投入常态运行,为十八大等国家重要政治活动提供信息安全保障。

2014年1月,依托于中国科大的研究力量,中科院成立了量子信息与量子科技前沿卓越创新中心,同时通过整合院内相关研究所和南京大学、国防科大等高校的优质资源,在教育部支持下成立了量子信息与量子科技前沿协同创新中心,潘建伟分别出任中心主任。他说:"我们希望能瞄准世界科学前沿和国家重大需求,为国民经济发展和社会进步做贡献。"

目前,千公里光纤量子通信骨干网工程"京沪干线"项目正在稳步建设,于2016年年底前建成连接北京、上海的高可信、可扩展、军民融合的广域光纤量子通信网络。同时,潘建伟团队牵头实施的中科院战略性先导科技专项,并于2016年8月16日发射的首颗"量子通信卫星",旨在实现高速星地量子通信并连接地面的城域量子通信网络,初步构建我国的广域量子通信体系。

相里斌：给探月卫星安上"火眼金睛"

相里斌，陕西省西安市人，现任中科院副院长、中科院上海微小卫星工程中心主任。1990年毕业于中国科大精密机械与精密仪器系。曾任中科院西安光机所所长、中科院高技术局局长、中科院西安分院院长、陕西省科学院院长、中科院光电研究院院长等职。

30岁成为研究员，32岁成为中国科学院最年轻的所长，40岁当选中科院西安分院院长、陕西省科学院院长，并荣获本年度中国青年的最高荣誉——五四奖章标兵。

他就是我国光谱成像技术专家、国家高技术863领域专家委员会主任、"嫦娥一号"探月卫星光学成像探测系统指挥——相里斌。

1969年，美国"阿波罗"11号飞船将两名航天员送上月球，航天员阿姆斯特朗完成了人类向月球的最后跨越。这一年，一个只有两岁的陕西孩子并不知道这件事情的意义，在童年的记忆里那个住着嫦娥的月亮又圆又大。

30多年后，那个叫相里斌的陕西孩子把探月的好奇心变成了行动。他说，他的工作就是给探月卫星安上一个"火眼金睛"。

"火眼金睛"是静态干涉光谱成像仪，这个光谱仪与普通照相机不同。普通相机只能拍摄目标的形影图像，而光谱成像仪可以看到各种物质的化学、物理性质。

1666年牛顿发现太阳光通过玻璃棱镜可以分解成红光到紫光各种颜色的光谱。300多年后，科学家利用光谱成像技术可以观测到的原子发射的光谱线已有百万条。"实际上，光谱相机就是帮助我们找到物质指纹信息的慧眼。"相里斌说。

1990年，相里斌从中国科学技术大学精密机械和精密仪器系毕业时，并没有想到自己会和光谱打交道。在老师和父母的建议下，他回到故乡，在中国科学院西安光学精密机械研究所攻读研究生，并于1995年获得博士学位。

"光谱成像技术是一个很有前景的领域。"相里斌的导师赵葆常为他指出了这一研究方向。"你研究的领域就像围棋中的一步闲棋，未来将发挥很大的作用。"相里斌的另一位导师薛鸣球院士告诉他。此时光谱成像技术研究领域新成果很少，在国内如此，在国际也如此。

读博期间，美国科学家提出了"空间调制傅里叶变换光谱成像技术"原理，相里斌意识到，随着计算机等相关技术的飞跃，"傅里叶变换光谱技术"原理重具研究价值和新的应用空间。

在冥思苦想了3个多月后，相里斌终于想通了，他兴奋地从床上跳起来，跑去告诉导师。相里斌说，科研过程并不总是寂寞的，总有惊喜出现，他永远忘不了这一天。

1996年，相里斌完成了高通量光谱成像仪物理模型，并通过实验装置获得干涉图像数据，采用这种原理设计的"高灵敏度静态光谱成像仪"的灵敏度可以提高近百倍。2002年，美国光谱成像技术专家、原美国佛罗里达空间中心首席科学家拉弗特教授，在文章中肯定了此原理，并称"这一原理是中国学者首先提出的"。1998年，相里斌入选中科院"百人计划"。他的科研工作也获得国家"863"计划"九五""十五"的重点支持。经过多年刻苦钻研，相里斌和他的团队掌握了光谱成像技术从基础理论研究到工程化研制的所有环节。

相里斌先后承担国家重大、重点项目20余项，他负责研制的另一台空间调制干涉成像光谱仪，已作为我国第一个环境与灾害监测卫星星座的有效载荷。

研究光谱成像技术15年，相里斌在国内外发表论文110余篇，获技术专利10项，申请发明专利18项。相里斌和他的团队没有申报过任何科技奖，他说："与国家的支持相比，我们的成果还没有达到自己内心的期望，因此还要继续努力，不断完善。"

十多年来，相里斌和他的科研团队瞄准国际光谱成像技术前沿，对各类新型光谱成像技术开展研究，完成了多种原理创新和样机研制，有力推动了我国光学和遥感事业的发展。

在相里斌的记忆中，有两次选择至关重要——第一次是1997年。30岁的他博士后刚出站，月工资只有800元。这时，一家南方的公司开出20万元的年薪聘请他。"想到自己热爱的专业、想到国家战略的需要，我最终决定留在西安光机所。"相里斌这样说。第二次是1999年。西安光机所准备公派他到美国进修，美国佛罗里达空间中心允诺了优厚的条件，并希望他延长一年工作时间。时值西安光机所领导班子换届，中科院领导希望他来主持西光所工作。他最终放弃了这次进修机会。

相里斌感慨地说："国家和西光所培养了我，在他们最需要我的时候，我不能只考虑自己。虽然放弃到本专业最领先的实验室进修有些遗憾，但我不后悔自己当初的选择。今天，我在国内同样做出了国际同行认可的成绩。"

杨元庆：将中国老百姓的消费留在国内

杨元庆，联想集团董事会主席。1989年硕士毕业于中国科大计算机科学技术系。第三届"五四青年奖章"得主。

商务部的数据显示，2015年中国游客在境外消费约1.2万亿元。对此，全国政协委员、联想集团CEO杨元庆表示，希望努力将老百姓的消费留在国内。"1.2万亿消费如果有一半拿回来，也是对国民经济的促进啊！"

要打造更多叫得响的品牌

作为民族企业联想集团的CEO，杨元庆向来是媒体关注焦点。当被问到互联网产业创新的爆发点、增长点在哪儿时，杨元庆说，从宏观角度看，仍要想方设法要把流到海外的消费拉回国内。

"当然这涉及很多方面，包括老百姓的工资收入的提高，社会保障水平的提高，让老百姓更敢花钱。这就又联系到供给侧结构性改革的话题。"在杨元庆看来，改革的方向之一，是要摒弃"山寨之风"，"任何东西并非最便宜的就是最好的，我们应该引导老百姓买好品牌，买信得过的品牌，买有创新、有质量保证的产品。"

往深一层，杨元庆认为中国还要打造更多叫得响的品牌，"这些品牌光在中国叫得响不够，要鼓励更多企业走出去，打造国际大品牌，也得把国际大品牌带到中国，让它们在国内的价格跟海外一样，老百姓才能更踏实、放心、舒服地消费。"

不认同企业往"风口"钻

当被问及联想集团为何较少涉足互联网金融领域时，杨元庆笑答："我们的所有产业都是互联网终端，没有这样的终端，就别提上网了。"

不过他坦言，各家有各家的强项，"不能要求所有企业都成为阿里巴巴、百度、腾讯，要根据企业的特点来发展。显然，如果所有企业都不做终端，没有电脑、智能手机、平板电脑也是不行的。"他非常不认同互联网"风口说",即"风口"在哪儿,企业就往哪儿钻。

他还打了个有趣的比方:"这就像培养孩子,总不能今天李娜拿了世界冠军,我们都让孩子去打网球;明天郎朗风头正劲,我们都让孩子去学钢琴,这不现实。"

在杨元庆看来,企业还是要根据自己的特长发展。但他强调,创新始终是重中之重。

用互联网实现"信息扶贫"

去年,杨元庆关注的是IT企业造假欺诈现象,今年他关注的是"信息扶贫",呼吁加大力度推进我国信息扶贫事业发展,通过多种方式提高我国贫困地区农民互联网应用水平,利用互联网技术实现精准扶贫。

杨元庆表示,2015年以来,在国家"互联网+"行动计划的引领下,全国掀起了新一轮的互联网与传统行业融合的浪潮,互联网对商业、金融、教育、旅游等传统行业产生的带动效益日益凸显。

不过要全面发挥互联网的作用,实现互联网时代的"信息扶贫",杨元庆认为,还存在以下问题:一方面,贫困地区信息化基础建设设施相对落后。此外,尽管各省市扶贫信息网站已初见规模,但缺乏国家层面社会信息对接网络平台。

"从政府层面,是否可考虑要从政策上对贫困地区信息化基础设施建设给予扶持,比如对于贫困地区宽带建设中,给予电信运营企业一定的补贴。"他还建议,由国家有关部门牵头,调动社会各方面力量,打造一个以互联网应用与服务为支撑的社会扶贫信息服务平台,通过该平台建设,建档立卡,把贫困村、贫困户的帮扶需求充分挖掘出来,把社会扶贫项目摆出来,让供需双方信息对称、渠道畅通,由此推进扶贫资源供给与扶贫需求有效对接。

张亚勤："智能+"大风暴将深刻影响世界

张亚勤，百度公司总裁，曾任微软全球资深副总裁兼微软亚太研发集团主席、微软亚洲研究院院长兼首席科学家、微软全球副总裁、微软中国董事长。美国电气电子工程协会会士（IEEE Fellow）。1983年毕业于中国科大少年班。

"互联网+"的进一步发展会是什么？百度总裁张亚勤的答案是"智能+"。

"第一次工业革命发端于纺织工业的规模化与蒸汽机的广泛应用，第二次工业革命揭开了电气时代的帷幕，第三次工业革命以原子能、航天、计算机和互联网等科技的突进为标志。我预言，'智能+'将成为第四次工业革命的技术基石。"

"一场可能如PC、智能手机那样深刻影响世界、改变人类生活的大风暴正在酝酿且即将成形。"张亚勤补充说。

2016年博鳌亚洲论坛上，张亚勤最爱聊的话题就是"智能+"。在一个演奏着美妙钢琴曲的咖啡厅，记者对他的采访便从近期引起极大关注的人工智能机器AlphaGo（阿尔法狗）开始。

"这就是'智能+'的一个很好例证。人工智能可以让机器活起来，让机器人学习沟通、学习思考，然后学习感受。"张亚勤笑着说，十几年前IBM的深蓝计算机是依靠运算速度战胜卡斯帕罗夫的，基于深度学习的AlphaGo则是'智能+'的胜利。"与深蓝不同的是，AlphaGo被添加了策略网络和价值网络，这是对人脑思维的初步模拟，虽然只是一小步，但机器的智能化实现方式已经有了质的变化，将AlphaGo称为开启'智能+'时代的一款机器，也并不为过。"

那么，张亚勤眼里的"智能+"如何定义？

"以人为核心，基于互联网技术如云计算、物联网、大数据、人工智能等在内的生态与系统而形成的高度信息对称、和谐与高效运转的社会生态，是'智能+'的标志。"张亚勤说，今后30年，"智能+"将加速物理世界与数字世界的融合，再度重构3600行的商业模式与竞争法则。"社会形态将被智能化信息技术重塑，每个人都会被契合其个性化需求的信息所环绕。"

采访中自然也提到了百度的"无人车"。作为百度人工智能落地应用层面较为突出的业务之一，百度无人车去年12月在北京完成城市、环路及高速道路混合路况下的全自动驾驶。此举开创了国内无人驾驶车研发领域的三个"最"：路况最复杂，自动驾驶动作最全面，环境感应最精确。

"除无人车外，百度人工智能在语音识别、图像识别、机器翻译等领域也取得了较好的成绩。百度将凭借在人工智能领域的杰出建树，变现科技成果，积极营造繁荣的服务产业生态。"40分钟的访谈中，张亚勤一直保持微笑，侃侃而谈。"顺应'智能+'发展方向，百度将以人的需求为核心，以信息科技为手段，通过连接3600行，打造良好的创业创新平台，有效带动传统产业的互联网化升级改造。"

胡伟武："我的中国芯"

胡伟武，中国科学院龙芯CPU项目首席科学家、龙芯中科总裁。1991年毕业于中国科大计算机科学技术系。第七届"五四青年奖章"得主。

"龙芯在卫星上工作状态良好。"接受记者专访时，中国科学院"龙芯"首席科学家、龙芯中科总裁胡伟武先报喜讯。

2016年2月1日，新一代北斗导航"关键卫星"成功发射。卫星采用了具有抗辐照能力的"龙芯"中央处理器（CPU）。

中国科学院计算所研究员章立生说，从2006年开展抗辐照芯片的预先研究项目至今，已掌握抗辐照加固技术并实现产业化。

这并非"龙芯"首次上天。2015年3月31日成功发射的第16颗北斗卫星首次使用"中国芯"。专家指出，与国际上能买来的芯片相比，"龙芯"的处理能力及可靠性持平。

看似仅是元器件实现国产化，但此举打破国际禁运封锁，又保障了星上软件及其供应链安全。章立生说，与国际同类产品的价格相差一个数量级的"龙芯"抗辐照芯片日益得到用户的青睐。

当前中国每年进口芯片花费2000多亿美元，芯片已超过石油等大宗商品类别，成为中国第一大进口商品。2014年出台的《国家集成电路产业发展推进纲要》，以及随后建立的1380亿元（人民币，下同）国家集成电路产业投资基金和近1400亿元的地方基金，就是要解决中国"芯片之痛"。

"龙芯的定位有两条，一条是保障国家安全，一条是支持产业发展。"胡伟武说。

事实上，早在本世纪初，一些有识之士就已感受到来自市场和国家安全的双重需要提出"中国芯"。2001年，龙芯团队应运而生。时年33岁的胡伟武带着几十名年轻人，仅用了一年时间就攻克首枚自主知识产权的通用高性能处理器芯片。

一次次研发出指标性能高的产品，"龙芯"被推上中国CPU代表的位置。

但在耀眼光环之下，产业化难题的"阴影"越拉越长。涉嫌专利侵权的"龙芯"又被其他国产芯片造假事件裹挟，一时间销声匿迹。

"过去判断技术是否先进的标准是看跟美国人跟得紧不紧，现在是看跟应用跟得紧不紧。"回顾往事，胡伟武坦言走了很多弯路，所幸已摸索出另一条路，"不仅是做CPU，而是建立生态体系"。

2010年至今，"龙芯"CPU已形成3个产品系列，分别是定位在高端市场、应用在PC和服务器的3号系列，定位于低端市场、应用在终端和工控的2号系列，以及面向行业应用市场并结合需求进行定制的1号系列。

与此同时，他们开展与曙光推出基于龙芯CPU的"龙腾服务器"，与东软集团、浪潮、同方等国内软硬件企业合作研发等项目，基于"龙芯"的技术开发者已达到上万人。对市场的深耕细作也得到回馈，2015年公司总收入首次突破1亿元大关，销售增长率继续保持50%以上的增长。

扭亏为盈，胡伟武说"有了一点信心"。面对记者，他并不讳谈目标，"到2020年成为行业型的CPU龙头企业，在重要行业中支撑产业发展"。

想要实现这一目标，胡伟武认为重要的在于"自主创新"，要打通芯片产业的技术链，接下来将致力于芯片平台一体化工作，开垦国家基础软硬件的"荒地"。

他也谈到抗辐照芯片的最新规划，除了不断改进目前正在卫星上使用的低端产品，将在2016年拿出中端产品的生产流片，争取在"十三五"后期推出高端产品样品。

对于时下看似热闹的中国芯片产业，胡伟武也直言担忧，"中国芯片产业缺乏软件、生态，大家都是'上一代挣钱后养下一代'，想要直接投资出一条先进生产线是不现实的"。这份"欲速则不达"的体会，恰是"龙芯"历经波折后的收获。

"成功路还远，江山守更难。"胡伟武及其团队把这句话奉为圭臬。面对外界非议，支撑他们走下去的就是一颗"中国芯"。

刘庆峰：让世界聆听中国的声音

刘庆峰，安徽科大讯飞信息科技股份有限公司董事长、总裁，语音产业化的拓荒人和领军者。1995年毕业于中国科大电子工程与信息科学系。

17年前，当微软、IBM、摩托罗拉等国际知名企业纷纷在中国建立自己的研究院、实验室，意欲"分割"汉语语音市场时，他和几名在校大学生白手创业，成为拓展汉语语音技术与市场的小小"中国力量"。17年后的今天，他们的语音合成和语音识别技术陆续在多个国际专业大赛上获得第一；"语音云"开发伙伴两万多家、用户突破3亿户；产品在中文语音市场总份额已达到70%，在专业领域的应用更是达到80%。

他，就是安徽科大讯飞信息科技股份有限公司董事长、总裁刘庆峰。"让世界聆听我们的声音"——点开科大讯飞网站的首页，一幅汇集了世界文化地标建筑的图片，赫然标注着这样一行文字。刚及不惑的刘庆峰，长着一副"娃娃脸"，微笑是他最鲜明的面部特征。然而，一谈起自己的语音技术和市场，微笑变成了凝重，他说："讯飞的梦想，就是让世界聆听中国的声音！"

1999年，刘庆峰和同学一起懵懵懂懂闯入国际知名IT企业几分天下的中国语音市场，不仅是因为拥有自己的技术和凭借年轻人的敏锐看到了未来市场的广阔，还有一个更重要的因素，便是自己的梦想。刘庆峰说，未来的人机关系是人和机器之间的自由对话，将涉及越来越多的个人信息甚至国家机密，要把这项技术牢牢地掌握在中国人自己手中。

创业之路不可能一帆风顺。1999年，科大讯飞公司在技术性攻势的路线图指导下，开发出一款电脑桌面软件，试图把手写输入的随意性、键盘输入的准确性和语音输入的高效性完美地结合，以实现"只要能说话就能使用电脑"的目标。但是，当刘庆峰带着它去参加了很多展会时，市场效果却让他们大跌眼镜。刘庆峰回忆："顾客来看产品时满意度100%，我们在场使用时满意度70%，用户自己操作时满意度降至30%。"

挫折面前，刘庆峰认识到通过自主创新实现语音技术与市场应用的发展，才是讯飞的根本路径。于是，讯飞开始只做核心技术提供商，让有渠道、有市场、有技术的大公司去直接面对消费者。刘庆峰找到了华为、中兴，找到了联想。随后，科大讯飞的B2B成为中国语音技术产业化的真正起点。到2000年年底，科大讯飞拥有了50家稳定的客户，也凭此拿到了关键性的风险投资。

随着基于LMA模型的语音合成器、基于数字串外推的韵律构建模型、听感量化等核心技术的诞生和成熟，讯飞研制完成的中文语音合成系统在历次国内外权威评比中关键指标均名列第一，并在业界首次超过普通人发音水平。同时，英文合成系统也异军突起，连续六年蝉联全球规模最大、最具权威的国际英文合成大赛第一名，合成效果超过普通英语老师发音水平。语音识别系统的错误率、最小检测代价等核心指标以及混淆方言识别、通用语种识别评测，也昂首迈入世界领先的方阵。

"不仅要立足于源头创新，还要面对需求做应用创新和商业运行模式的创新。"把握了技术先机，刘庆峰开始了做产业链主导者的大进军——2010年10月，科大讯飞在全球语音领域率先推出能同时提供语音合成、语音搜索、语音听写等智能语音交互能力的移动互联网智能交互平台——"讯飞语音云"，这一技术的实现比苹果公司的"Siri智能语音助手"整整提前了一年。语音云平台，"一夜之间"使之前将近十年只有的2000多家开发商，剧增到20000多个。而"畅言"系列教育产品已在全国30个省份及新加坡等海外市场拥有超过7000万的用户；"灵犀语音助手"初步实现人机信息无障碍沟通，其口语翻译超越谷歌成为业界口碑最佳。

"配合丝绸之路经济带建设，我们正在加紧推出维语、哈语等相关语音产品。"站在语音技术前沿和语音市场高端的刘庆峰忙得几乎没有时间坐下来，忙着怎样在已是全行业份额最高的手机语音应用市场为用户提供更多的产品；忙着跟广电部门合作，让家家户户的电视机"能听会识"；忙着打造国际智能语音产业园，实现省部共建提出的"十亿用户、百亿企业、千亿园区和千亿美元产业"的目标。

"讯飞要顶天立地，顶天是勇争国际第一，立地就是让小学生、会说话的人都可以用我们的产品。"自信、自强，刘庆峰和科大讯飞，就是这样"让世界聆听我们的声音"！

庄小威：支持中国科技进步是莫大责任

庄小威，国际著名生物物理学家，美国科学院院士，中国科大1987级少年班校友，曾师从诺贝尔物理学奖获得者朱棣文教授，在斯坦福大学做生物物理学博士后研究，在单分子动力学、核酸与蛋白的相互作用、基因表达机制、细胞核病毒的相互作用等领域做出了杰出的贡献。

庄小威教授是美国科学院最年轻的华人院士、中科院史上最年轻的外籍院士，15岁考入中国科大少年班，25岁获美国加州大学伯克利分校物理学博士学位，之后师从著名物理学家和生物物理学家、1997年诺贝尔物理学奖获得者朱棣文教授，在斯坦福大学做生物物理学博士后研究。

从加州大学伯克利分校博士毕业后，庄小威的生活中出现了一个小插曲：她放弃了一些学校直接提供给她的教授职位，选择了在斯坦福大学做博士后研究，并且将专业转向了生物学。但在当时，她连DNA和RNA这类最基本的生物学知识的区别都不清楚。在斯坦福做了两年的博士后研究后，她摸索到了自己的研究方向。

2006年初，年仅34岁的庄小威成为哈佛大学化学与化学生物、物理学双科终身教授并于2005年成为霍华德休斯医学研究所研究员。她在哈佛大学带领团队发明了超高分辨率的STORM成像方法并用此方法发现了许多新的细胞内结构，在神经细胞结构、单分子动力学、核酸与蛋白的相互作用、基因表达机制、细胞与病毒的相互作用等领域做出了杰出贡献。

在采访中，庄小威教授并不觉得成为杰出的女科学家有什么秘诀，"在我做科研的过程中，确实没有感觉到因为是女性有优势或劣势。科研是不分性别的。做研究本是我一生所爱，并不是有优势就去做，有劣势就不去做。"她淡然道，"鱼和熊掌不可兼得，可惜我大概不是一个合格的母亲，与女儿在一起的时间太少了，希望能多点时间陪她长大。"离开了实验室说到家庭的庄小威教授，和普通妈妈没有什么区别。她一脸骄傲地和笔者说起6岁女儿的趣事，不时发出几声轻笑，"我女儿特别可爱有意思。有时我陪她的时候，她会说，

'妈妈你去工作吧，'这说明她不想跟我玩了，但是她会用很婉转的方式说出来，这样不会让我的自尊心受到伤害"。

作为15岁考入中科大少年班、"四大力学"满分的传奇纪录至今在科大无人打破的天才少女，庄小威教授一直都是少年班的传奇。谈及社会上对少年班"揠苗助长"的强烈质疑，她无奈道："少年班本身并不是坏事，报名时也完全自愿，没有人强迫。我觉得少年班对我是很有帮助的。当然，确实有些孩子因年龄小、心理不成熟，不能够适应少年班的学习生活。因此，这就需要在报考、录取前，家长和老师对孩子做一个综合性评估。如果不适合少年班独特的学习生活方式就不要勉强，以防有些孩子学习吃力，心理也受到影响；如果适合，这倒是一个很好的成长环境。社会上对少年班毁誉参半，并不是少年班本身存在的错误。而是因为一切都要因人而异，少年班不是普适的。"

庄小威教授谈起近日哈佛毕业典礼上演讲的师弟兼爱徒何江，满是自豪和赞赏，认为何江的演讲不仅展现了他一直致力于科技成果为每一个人所用、造福于每一个人的价值观，也体现了日渐突出的中国"海外力量"。在海外，中国留学生的话语权比重越来越大，声音越来越响亮。"我的实验室里华人学生也占了一定比重，这并不是我对华人有特殊待遇或特别因素的考虑，而是现在国外的优秀博士生里，华人占了一定的比重。只要学生满足要求、能够合作，我都会招收。"

虽离家二十余载，然饮水思源，庄小威教授一直致力于为国人提供更好更宽广的科研平台，特别是当选外籍院士后，更加关心支持中国科技的进步，在专访的最后，庄小威教授向笔者表达了希望能够对中国科技进步做更多贡献、与国内的科研机构有更多交流合作机会的愿望。

江平：华尔街年赚1亿美元的华人交易员

江平，江苏靖江县人，华尔街华人交易员，1981年考入中国科大化学系，曾在美国普林斯顿大学攻读化学博士学位，在斯坦福大学攻读金融博士。曾在国际著名的投资银行"雷曼兄弟"和"塞克资本"任交易员、基金经理。2007年被华尔街著名专业杂志《交易员》评为年度"百强交易员"，成为该榜单历史上首位华人。

江平是江苏靖江县人，1981年，不到16岁的他就以扬州地区高考状元的身份进入中国科大。1989年，他揣着2000美元来到美国普林斯顿大学攻读化学博士学位，后又到斯坦福攻读金融博士，因为这才是他的真正兴趣所在。

江平真正步入华尔街是在1995年，他签约世界著名投资银行"雷曼兄弟公司"。最初只是一名技术支持部门的普通员工，"华尔街对中国人有武断看法，认为我们数学好，会计算，但做不好生意。所以到这里后，我想的就是怎么在公司内部找工作。"因为他设计的一种交易模型因实用价值极高，为公司赢得大量利润，给老板留下了深刻印象。不久他终于如愿以偿地成了一名交易员。

交易员，顾名思义就是在金融市场上不断地交易，买入卖出牟取利润的人。他们涉猎的市场可以是原油、黄金、股票、债券，甚至是指数、货币、农作物、工业原料，以及上述载体下的各种金融衍生物。

从1995年至2004年，全球著名经济危机一波接一波。但是，江平的投资业绩一直在三四成到一倍以上，成为雷曼公司贡献最大的交易员之一。但这位"送财童子"得到的报酬，却与他的付出不成正比。按照华尔街的规矩，基金经理的分成一般是业绩的10%到15%，但江平的分成还不到这个比例的三分之一。他说，"我主要是不会替自己讲价钱。"

在雷曼服役10年间，江平已然成为华尔街上一匹"千里马"。而他的"伯乐"也在这时出现了。2004年底，江平计划离开雷曼兄弟公司回中国发展，赛克（SAC）资本投资公司的主席兼创始人科亨闻讯赶来。他们在曼哈顿的一家意大利餐厅吃了饭。江平告诉科亨，他在华尔街看到太多的阴暗面，决定退出江湖。但是，科亨发现江平身上"有着超级交易员的潜力"，极力劝他不要放弃，并开出优厚条件力邀他加盟赛克。科亨让他有一种"异乡遇知音"的感觉。

2006年，江平向雷曼公司提交了辞呈。老板极力挽留，"拿出近千万美元的留聘奖励，包括现金、提高的分红和贷款等"，但是江平不为所动，因为这一切礼遇来得太迟了！

2006年3月，江平正式去赛克公司，投资七国集团的外汇、指数、拉美外汇、债券和欧洲信贷，但一开始并不顺利，他感到一定的压力。不久，赛克主席科亨请他到家里吃饭，看到他情绪不好，科亨对他说："不要担心，我并不了解你做什么，但是我了解你这个人，我相信你一定能够做好！"结果，他当年就成为赛克最出色的基金经理之一。

作为一名来自中国的专业投资人，江平一直关注祖国的经济发展。2007年，江平重点把业务扩展到中国股票、亚洲股票以及全球的石油和能源股票。但在当年的年中，新兴国家的国债和股票遭到重创。是退是进，当时议论纷纷。但是，科亨力排众议，全力支持江平继续做多。结果到了2008年，江平的收益接近翻番！其间，他还斥巨资在上海等地投资房地产，同样取得了骄人的业绩。

2009年，在美国金融业普遍不景气的情况下，凭着超人的投资天赋，江平仍帮赛克赚了个盆满钵盈，仅他个人的分红就超过1亿美元。被美国著名的《交易者》杂志评为"百位顶尖交易者"。因其投资业绩遥遥领先于许多上榜的同行，江平甚至被股神巴菲特称为"奇才"，并成为该榜单历史上首个问鼎百强的华人。

尹希：哈佛史上最年轻华人正教授

尹希，1983年12月出生，1996年考入中国科大少年班，2001年赴哈佛大学攻读物理学博士，2008年受聘担任哈佛大学物理系副教授，2015年9月晋升哈佛大学物理系教授，主要研究领域为弦理论，是被国际物理学界寄予厚望的青年物理学家之一。

中国科大少年班又走出一位"大牛"：未满32岁的尹希被晋升为哈佛大学正教授，再次刷新华人学者获聘哈佛大学正教授的年龄下限。

根据中国科大官网发布的消息，2015年9月4日，哈佛大学高能理论研究组发布一句话新闻："祝贺尹希晋升正教授。"在中国科大，上一位广为公众所知的"史上最年轻"哈佛大学华人正教授是庄小威。庄小威是中科大87级少年班的学生，获评哈佛正教授时34岁。

公开资料显示，尹希出生于1983年12月，儿时就读于北京八中少年班，不到13岁考入中国科大少年班，17岁完成中国科大5年制本科学业后留美，成为当年去哈佛大学攻读博士学位年龄最小的学生。入读哈佛后，他又成为首例本科直接读到博士后的学生……尹希的成长、求学历程，堪称是"学霸中的学霸"。

眼下，更让众多网友们感叹的是，这位新时代的学霸不仅不是书呆子，还是一位颜值颇高、"玩马拉松和户外的纯爷们"。

根据中国科大官网披露的资料，在少年班学习期间，尹希各科成绩均在90分以上，年年获奖学金，且心理素质、身体素质等得到全面发展。2001年，17岁的尹希完成了中国科大五年制本科学业后赴美留学。当时他申请到了包括哈佛大学、耶鲁大学、哥伦比亚大学、芝加哥大学等多所美国名校，且均获全额奖学金，最终他选择到哈佛攻读博士学位，从事理论物理研究。

2006年，尹希获哈佛物理学博士学位后，又继续在哈佛做博士后。这一年的6月19日，国际弦理论大会在北京开幕，22岁的尹希应邀为大会做30分钟的报告。时隔多年，一些学界人士仍然记得那一天的盛况：尹希以流利的英文侃侃而谈，而台下坐着的来自全世界各地的600多名科学家中，有诺贝尔奖得主格里斯教授、弦理论研究权威学者威腾教授以及他在哈佛大学的博士后导师安迪·斯多明戈，还有中国著名数学家丘成桐等。虽然尹希是当天做报告的最后一位科学家，但他发言时，科学家们都饶有兴味地听着，并对这位年轻人的报告产生了浓厚兴趣。

对一件事只要产生兴趣，就会全力以赴——这一点在尹希身上表现得十分鲜明。这位天才少年的身上兼具着勤奋的特质。在哈佛学习期间，尹希就对弦理论表示出了强烈的学术兴趣。读博时的一年寒假，有位教授布置了一堆关于弦理论方面的作业，就连教授本人也认为，布置的作业有点多，不会有学生全部做完。寒假临近尾声时，尹希拿出了一沓多达80页的作业——整个寒假他都用来做作业了。这不仅让他的同学们很惊讶，就连教授本人也非常惊讶。

但在哈佛这所全球顶尖的名校，关于防止学术近亲繁殖的"规矩"广为学界所知：在哈佛读了博士的，一般不留在本校读博士后；在哈佛读了博士后的也应避免在哈佛任教。但是尹希却破了这个例。对于这一点，他本人曾专门做过一些解释：自己之所以能继续留在哈佛做博士后，是因为在博士期间做课题就比较独立，和原来导师的关系是合作关系。此外，他的研究资金并不是由哈佛物理学院发的，而是一个私人基金。所以和"近亲繁殖"不是一个概念。

2008年后，尹希在哈佛物理系先后任助理教授、副教授。他的研究领域包括：量子引力中的黑洞熵、弦论中的超对称束缚态、与物质场耦合的Chern-Simons理论及其在M膜中的应用、高自旋场论及其在引力/规范场对应中的应用等。这些工作对于近年来弦论的发展起到了重要的促进作用。2013年2月15日，尹希荣获2013年美国斯隆研究奖。

何江：哈佛毕业典礼演讲台上的中国面孔

何江，1988年出生于湖南省长沙市一户农民家中，毕业于中国科大生命科学学院，获郭沫若奖学金，后去哈佛大学硕博连读，2016年获哈佛大学生物系博士学位。

"当我能够为将这些知识传递到我的村庄贡献力量时，我的内心第一次有了一种作为未来科学家的使命感。"

北京时间2016年5月26日，哈佛大学毕业典礼上，来自中国的学生何江，作为优秀毕业生代表之一登上毕业典礼演讲台，讲述中国故事。这是哈佛大学给予毕业生的最高荣誉，何江也成为第一位享此殊荣的中国大陆学生，与他同台演讲的还有著名导演史蒂芬·斯皮尔伯格。

七年前，刚刚大学毕业的何江，带着象征中国科大学生最高荣誉——"郭沫若奖学金"的光环，来到哈佛大学继续深造。初到哈佛的何江发现，校园里经常能偶遇一些诺贝尔奖得主、学术"大咖"，而这些人耳熟能详的名字，原来都是在教科书里才能看到的。

随着留学生活的展开，在课堂上、讲座中，何江发现，学生可以大胆地对"大咖"们的观点提出质疑，相互讨论，还能与他们相约一起啃汉堡、喝咖啡、泡酒吧，谈论学术问题，时不时地还会受到他们的鼓励。在这样的环境中，学生成长得很快，也变得非常自信。

正是在一位教授的鼓励下，何江才决定申请毕业演讲的资格的。经过精心准备，何江凭借比较新颖的题材和流利的英语口语一路过关斩将，从全校数万名毕业生中脱颖而出。

申请哈佛大学的毕业典礼演讲，程序很严格，要通过3轮测试。第一轮，递交个人材料和演讲初稿；第二轮，从12名入选者中挑选4人，申请者可以对着演讲稿念稿；第三轮，从4人中选出1人，进行脱稿模拟演讲。最终，校方从申请者中各选出一名本科生和研究生。

何江的准备很充分，从题材到具体内容，细细打磨，加上多年苦练的流利口语，顺利入选。在哈佛毕业典礼的演讲台上，华人面孔很少，而几乎被文科生占据的演讲舞台，理科生更是凤毛麟角。何江的想法很简单，就是"想让美国大学生听听来自中国的声音"。演讲中，何江从科技与知识在社会的不均衡分布入手，结合自己的成长经历，阐述了对于科技的思考。"在未来，我相信将会有更多的中国人在类似的舞台上发出中国声音"，"比以往任何时候，我们的社会都更强调科学和创新。但我们的社会同样需要关注的一个重心是将知识传递到那些真正需要的地方"。

何江在哈佛的导师，是34岁就晋升哈佛大学正教授的青年科学家庄小威，二人本科都毕业于中国科大。"在她身上，我深切感受到什么是对科研的热情和喜爱，这是一脉相承的科大血液。"

科学知识可以随时学习，而科学精神的培养、独立思考的能力对个人发展至关重要。何江一直心怀感激，"大学教育对我的影响，除了学业成长外，最重要的就是教给了我独立思考的能力，明确了自己的兴趣所在"。

哈佛毕业后，何江将前往麻省理工学院从事生物工程方向的博士后研究，利用2D或3D打印肝脏细胞技术，进行药物筛选、疾病模拟以及癌症早期的灵敏检测。

后 记

《漫说中国科大》终于要与读者见面了，从最初的动议到写作、编辑、校对，再到装帧设计、定版印刷，用了2年多时间。

本书内容共分四个部分：其一"符号"，是对中国科大历年形成的办学理念和文化符号的汇总；其二"温故"，是对中国科大办学历程的回顾，由蒋家平同志编写，主要参考书目为《梅与牛——中国科大文化研究》（高等教育出版社2011年出版，主编：鹿明、蒋家平）；其三"谈今"，是对中国科大办学现状的全方位扫描，主要由编者在近年来见诸报端的关于中国科大的报道以及相关资料基础上撰写、改编而成，这些报道的作者主要有杨保国、蒋家平、曾皓、刘爱华等；其四"文化"，是对中国科大文化传统及其传承者的多侧面解读，由编者从相关资料和媒体报道中选辑而成。

本书的编写源于时任中国科大校长万立骏院士（现任中国侨联党组书记、主席）的提议，书名、内容和风格也经由万院士审定，书稿完成后万院士又欣然命笔为本书作序。可以说没有他的关注和指导，也就没有本书的面世。

本书编写过程中，得到中国科大校内各相关单位的大力支持，党政办公室、党委宣传部、人力资源部、教务处、科研部、学生工作部（处）、研究生院、校团委等单位负责人审阅了本书的相关内容，校档案馆为本书提供了多幅历史照片，其余照片由新闻中心等相关单位提供；刘天卓、王伟、马壮、姚琼、蒋文娟、杨晓萍、蔡立英、何昊华等在本书相关二维码制作、图片选择、文字校对，以及部门协调等环节中付出了辛勤的劳动，在此一并致谢！

书中不当之处，敬请读者谅解！

编　者

2018年1月